大西昌宏の学生道

これから働く君たちへ

日本ベンチャー大學（JVUグループ）本部
ザメディアアジョン・エデュケーショナル

はじめに

私たち株式会社リビアスは、大阪に本社を置き、日本全国から海外へ事業を広げ、理美容の総合ビジネス企業として、日々、挑戦しています。

平成14年（2002）に、有限会社関西理美容サービスを創業し、平成23年（2011）に「株式会社リビアス」へ社名変更いたしました。

理美容業の「理（リ）」、美容の「美（ビ）」、そして「明日（アス）」の文字を取り、「明日の理美容業界を創って行きましょう！」という強い想いがあります。

本来、理美容業界の業種というのは…、

理容師であれば、理容室（理髪店、床屋さん）

美容師であれば、美容室（美容院、パーマ屋さん）

エステならエステだけのお店。

ネイルならネイルだけのお店。

それぞれの業態に特化した会社（とくに個人経営）が、大半を占めています。

しかし、私たちリビアスは、理容室、美容室、ネイルサロン、エステサロン、シェービング専門店など、直営店とフランチャイズ店を組織し、チェーン化を進め、多角的に事業を展開しています。

それは日本全国にとどまらず、海外ではアジアを含めて、次々と。

まだまだ、これからです。

止まりません。

理美容チェーンを超えた「理美容総合ビジネス企業」として、挑戦し続けているからです。

この理美容業界というのは、一体どれだけの規模なのか、ご存知でしょうか。
理容室つまり床屋は、今、日本国内に約12万店舗あります。※12万8127施設：平成26年3月末（厚生労働省HPより）
美容室は、約23万店舗。※23万4089施設：平成26年3月末（厚生労働省HPより）
この2つを合わせると、約35万店舗を超えます。
これ以外に、エステやネイル、アイラッシュなどの専門店を含めると、もう大変な数のお店だということが分かりますでしょうか。
つまり日本中、街の至る所にあります。商業ビルがあれば、どこもかしこも1階は美容室…。そんな状態なのです。

ということは、非常に競争が激しい業界だということが分かりますでしょうか。

その成熟した業界で、激しい競争の中で、私たちは生き抜かなければなりません。


その中で、リビアスのグループは、創業23年で230店舗を超えました。

私たちの会社が、一番大切にしているものとは――。

それは、〝人〟です。

リビアスで働いてくれる人。

〝人財〟なのです。

私たちは、社員（スタッフ）のことを〝パートナー〟と呼んでいます。


人の教育においては、惜しみなく、時間とお金をかけている会社です。この業界では日本一だと自負しております。

内定者研修、社員研修、早朝勉強会、若手勉強会、幹部勉強会、環境整備などなど。

そこで私が一貫して話している事、その想いを、この度、1冊にまとめました。

とくに、これから社会人になる学生さん、若手パートナーの皆さんに読んでもらいたいと願っています。

大西昌宏

もくじ

目次

大西昌宏の学生道
これから働く君たちへ

第6章　海外にかける想い（後編）

ベトナムでの人財発掘〜ニューヨークのトップサロンとの提携

目次《もくじ》

第1章　志を立てたあの日から

バブル期だった私の就活
大手に内定をもらうが、モヤモヤな心境

散髪屋が実家である私は、幼い頃の風景を思い出すと、いつも周りには、理容師・美容師の職人さんたちが居ました。

寡黙にハサミを握って仕事に打ち込んでいる父親の姿…。

その父親を支え、毎日、職人さんたちのまかないを作っている母親の姿…。

決して裕福とは言えませんが、とくに生活に不自由することの無い、有り難い環境の中で育てられました。


そんな私ですが、大学4年生になると、スーツを着て、周りの友人たちと同様に、それなりに就職活動を始めました。

親の仕事をずっと身近で見ながら育ったのですが〝親の後を継いで、散髪屋になりたい〟と思っていたか?と言えば、実は、全然違います。むしろ、一度も思ったことがありませんでした。

普通に大学へ行って、卒業し、普通に会社勤めをしよう、と思っていたからです。

私が大学生の頃は、ちょうどバブル期でした。日本は好景気。とにかく凄かったのを覚えています。「世界一！」とまで騒がれていました。

大卒という肩書きがあれば、どんな会社でも簡単に内定が出ていました。

しかも入社後の待遇も、凄かった時代です。私の大学の同期で、某証券会社に入社した友人がいましたが、新人でもボーナスが「札束で立つぐらいの厚さだ！」と自慢していたのを覚えています。

そんな時代だから、私の就活は、何も苦労せず、第一希望の大手企業から、内定をいただくことができたのです。

もちろん、そこに入社するつもりでいました。

ところが…。

〝いざ就職する〟という時期が近づいて来ると、少しずつ自分の中でも「働く」という意識が芽生えてくるのですが、色々なことを考え始めます。

なぜかは分かりませんが、悩み始めます。迷い始めるのです。

「俺は、本当に、これで良いんかな?」と。

こんな気持ちが、一度、芽生えると、次第に…、その気持ちが膨らんでくるものです。

そんなモヤモヤを解消するため、周りの色んな人に、自分の正直な胸の内を打ち明けてみました。

しかし、皆が皆、「それ、すごくイイやんか!」と返してくれます。

そりゃそうです。

私が志望していた大手企業に決まったわけですから、反対を言う人は誰1人いません。

「それ、最高じゃないの!」と言ってくれるのです。


でも、当の本人である私は、「ちょっと違うな…」と思ってしまう…。

長い人生です。

自分が最初に入った会社で、ずっと食って行ける、とは限らない…。

ようするに「自分がその会社に入って、本当にそこでやっていけるんかな?」とか「主役として活躍できるのか?」とか「その会社の中枢でやっていけるのか?」とか、あれこれ考えるようになりました。

やはり、働く以上は、そういうポジションを掴みたい…という気持ちがあります。

どうしても、その迷いを拭いきれません。

そんな心境の中で、ふと両親の仕事を見てみました。

相変わらず、いつもの見慣れた光景があります。

散髪屋というのは、大学生が就職先として選ぶような職業じゃない…。当時、私も就職先として全く思ってもいなかった業界です。

しかし…。

両親を見ていると、なんかすごく楽しそうに、自分たちの仕事に誇りを持って働いている。そんな姿が、そこにはありました。

こんな私を、今まで何の不自由も無く、育ててくれた。

「ああ、そうゆう生き方もイイんかな…」

そう、思い始めたのです。

決断のきっかけ
背中を押してくれたバイト先の社長の言葉

そんな心境で、残り少ない大学生活を過ごしていました。

ちょうど、私のアルバイト先である飲食店の社長が、たまたま現れて、「大西くん、一緒にご飯に行こうよ！」と誘ってくれたのです。

初対面でした。

これが、私の運命を決める、とても重要な出来事になるのです。

食事の席が始まると、私は席の隅っこに座っていました。それを社長が気にしてくれたのか、私に話しかけてくれたのです。

その時の会話は、今でも鮮明に覚えています。

「どう？　大西くん。もう大学卒業だよね？　将来、どうすんの？」

「一応、某大手会社に入社することが決まっています…」

「へえ、そう！　でも、君は、本当にそれで良いのか？」

「ええ、まあ…。そこに入社しようと思っていますので」

と私は、その場でそう返事したものの…。

次に、その社長がこう言ってくれました。

「大西くんが今、行こうとしている大きな会社っていうのは、同僚も先輩も後輩も同じようなレベルの人たちが、いくらでも居るよね。その中で、君が主役になって、組織の中枢になって、頑張るっていうのは、なかなか大変やで。例えば、プロ野球のような一流の世界で、エースで4番になるのは簡単じゃないよね？　でも草野球だったらどうや？　エースで4番にはすぐなれるし、活躍だってできる。その方が楽しいし、自分が主役になって、いくらでもチームを強くできるよね」と。


その社長も大学を卒業し、調理師になられ、当時は珍しかったようです。

結果、飲食店を全国展開される経営者になられていました。

職種は違うけど、理容師・美容師と調理師は、専門職。普通は、大学を卒業してまで、就職先として選ばない業界です。

だから社長は、わざわざ私に、そんなアドバイスをしてくれるんだろうな、と思いました。

そのアドバイスが、私にとって、すごく腑に落ちたのです。

「働くこと」とは、人それぞれ、色々な判断基準があるでしょう。

しかし私は、どうせ、やるからには〝自分が中心〟となって、頑張れば頑張っただけ、成果が上がる仕事をしたい！　そんな業界じゃなければ、嫌でした。


そして、決めました。

「草野球でもいいから、自分がチーム（会社）を大きくしたい！」

選ぶはずの無い、理美容業界。

最も身近にあった、理美容業界。

両親と同じ、理美容業界に、思い切って飛び込む事にしたのです。

いただいていた某大手企業の内定を、丁重に断りました。

ずっと、どこかモヤモヤしていた気持ちが、晴れたのです。

同級生に会うのがイヤだった…逃げないための３つの志

大学を卒業すると、理美容の専門学校へ通い始めました。理容師になるために、まずは国家資格を取るためです。

専門学校を卒業すると、父の会社に入社し、町の小さな床屋で働き始めました。

初めは、お客さんのシャンプーを担当する現場仕事からです。

すごく辛い期間でした…。

毎日が単純な作業の繰り返し。退屈で退屈で仕方ありません。

しかも狭いお店の中で…。

同じ場所に、ずっと居る事も、この上なく耐えられない性分でしたので。

それと、何よりも嫌だったのは、大学のときの同期の友人たちに会うことでした。

なぜなら、友人の皆は、私と違っていわゆるバリバリの企業人。妙にカッコ良く見えるのです。スーツ姿もそうですが、収入面も雲泥の差…。

彼らとの会話に、ついていけないのです。

同級生から私の仕事のことを聞かれても、「床屋の見習い」なんて言えるはずがありません。「美容関係の仕事」とか適当に言って、ごまかしていました。


そのときの私は、本当に、ただの床屋の見習い。朝から晩まで、必死になって床屋の現場で働くのが、私の現実でした。

そんな過酷な労働条件なのに、給料も驚くほど安いのです。

「なんで、こんなに辛いんかな…」

「やっぱり、仕事を間違ったんかな…」

正直、本気で悩みました。


辞めるのは簡単です。

だからと言って、逃げるわけにはいきません。

悔しい…。

「草野球のチームを、自分の力で大きくしていく…」

もう一度、初心を思い出しました。

「よし！　どうせやるんだったら、この業界で、トップを目指そう！」

心の底から誓いました。

そこで、迷いを断ち切るために、私は具体的に、３つの志を掲げました。


一つは、「お店を、たくさん持つ経営者になる」です。

せっかく、何もかも断ち切って、この業界に入ったわけなので、このまま一生、いち職人のままでは終わらない。必ず経営者になる！という強い気持ちがありました。それも「大阪の地元で数店舗を構える」ではなく「全国展開させてやる！」という目標が。

そこには、あの飲食店の社長の姿がありました。私もそうなりたい…と。飲食と理美容は、業種は違うけれども、絶対に私もそうなってやる！と。


もう一つは「海外に、仕事で行くこと」でした。

大学生の頃に行った外国が忘れられませんでした。ただの観光や旅行では、意味がありません。〝仕事〟で海外に行く、と決めていました。今の時代は、格安で海外旅行ができる時代。誰でも簡単に行けます。しかし〝仕事で行ける人〟は、そう多くはない。だから、自分は仕事で海外に行く、と誓いました。

最後の一つは、私が選んだこの業界、〝理美容業界のイメージを変える〟です。

大学生に、将来、職業として選んでもらえるような会社にすること。

私は、理美容業界は「すごく良い業界やな！」と心から誇りに思っています。だから大学生が就活をする際に、先入観やイメージだけで最初っから就職先として外されるのではなく、興味を持って、会社説明会に来てもらえるような組織にしていきたい、と。


まさに、この3つのおかげ。

その後、どんなに嫌で辛いことがあっても、逃げずに頑張ることができたのです。


入社してから2年が経つと、店長が独立したので、その後任として、私が店長に昇格しました。

その後、父親が倒れてしまい、バーバーニュージャパンの社長を継ぐ事になりました。

初めての店長に就いたときも、社長を継いだときも、父親は、一切口を出さず、私が思うように、好きに経営させてくれたのです。


そして、今があります。

おかげさまで、グループも全２３０店舗になりました。

海外にも出店し、毎月、海外に仕事で行けるようになりました。

新卒採用も本格的に毎年しているのは、理美容業界としては、当社が初めてです。確実にリビアスの会社の中では大卒の割合が増えてきました。今、社員総数４００人に対して、約50人。８分の１ぐらいのウエイトです。これからも年々増えて行きます。

このように、当初から、私が強く想い抱いていた志の３つ。この業界に入ると決めて以来ずっと思い描いていたことが、少しずつ現実となっています。

初めてお店を出して23年。まだまだこれからです。

第2章　大切なのは〝人〟

学生と社会人の違い

学生のうちは身体的な能力として、頭が優れています。だから記憶力は抜群。テストの点が良いと、良い大学に行ける。必要なのは記憶力なのです。

しかし、社会人になると〝頭が良い〟とは、あまり言いません。

〝仕事ができる〟と言います。

仕事ができる人、とは、どんな人なのか？

それは〝意思決定〟です。

仕事は様々な現場のシーンで、自分で判断していかなければなりません。

仕事には、大きな仕事もあれば、日常の小さな仕事もあります。

仕事をしていく上で、成果を上げなければなりません。

「僕、頑張っていますから！」と言っても、社会では認めてもらえないのです。

求められる成果を上げることが〝仕事ができる人〟なのです。

成果を上げるためには、〝意思決定〟をすることなのです。

「こっちの方が、成果が上がるかな？　こっちが上がるかな？」と。

そして、ちゃんと成果に結びつく意思決定を、数多くこなす人のことを、「あの人、仕事ができるね」と言われるのです。


〝意思決定する〟とは〝判断する〟ということ。

常に、判断力が問われます。

「仕事が出来る」とは「判断力が高い」ということなのです。


だから、今までとは、違うのです。

学生時代と社会人では、求められる力が…。


学生時代までは、【記憶力】が問われる世界。

これからは、【判断力】が問われる世界。

全然違う世界になるのです。モノサシが違うのです。学生と社会人は。全く違う社会へ、これから入って行くわけです。


だから学校の時に成績が良いからって、社会に出て、人生が豊かになるとか、成功す

ると
か全く関係ありません。
反対に勉強ができなくても、学歴がなくても、判断力が高くなると、仕事が出来る人になるのです。ビジネスの世界では。
もちろん職業によっては違います。たとえば学者とか。

そのことを踏まえて、リビアスのパートナー（社員）は、優秀と言えるのです。
その優秀とは、つまり「判断力が高い」ということなのです。
それは、なぜか？　を教えます。

〝仕事ができる人〟になるためには

判断力を高めれば、社会では良い、ということに間違いはありません。
では、その判断力を高めるには、どうすればいいのか？
それは、「新しい体験」、「新しい経験」です。それを積んでいくことです。
これしかありません。

判断するとは、どういうことか？

人間は判断をする時、必ず、自分の過去の体験や経験で、物事を決める生き物です。

やはり自分が体験・経験したこと以外では、判断できるはずがありません。分からないからです。だから適当に決めるのです。そういう場面では。

自分がしたことが無い事を、意思決定しなければならない状況になれば、適当に決めているのです。人間は。

それで、一つの判断基準ができてしまう。

次に、同じようなケースが来れば、また、それが基準になっていくのです。

だから「体験」と「経験の数」を、どんどん増やしていくことによって、自ずと判断力は高まってくる。それが〝仕事ができる人〟になっていくのです。

大手企業と中小（成長）企業の違い

しかし、この「新しい体験」に必ず付いてくるのは、「失敗」です。

なぜなら、「経験が無いから」です。失敗する確率が高いのです。
大きな会社では、すでに組織ができ上がっている…。
〝失敗をする〟ということは、致命的なことなのです。
なぜなら、失敗しない優秀な人たちが、たくさん、同僚や先輩、後輩にいますから。
だから、もし1回でも失敗をしてしまうと、これが厳しいのです。非常に。
失敗をすると、〝失敗した人〟のレッテルを貼られてしまいます。
「あいつ、仕事できんわ…」と。
そして〝代え〟がいくらでも利きます。常に、優秀な人が控えているからです。

ところが、中小企業とか成長企業というのは、人材が不足しています。常に。
会社が〝伸びている〟からです。
たとえ失敗しても、どんどんチャンスを与えてくれます。
これを繰り返ししていく中で、段々、その人のレベルが高まっていきます。
だから、仕事ができていきます。

リビアスでは、〝たくさんの経験〟と〝失敗をしてもらう場〟を作っています。

研修をはじめ教育の場を数多く用意しています。

初めて受けられる人には、訳が分からないものもあります。「こんなん、理美容に何が関係あんねん！」というものまで、たくさんあります。

しかし、それは、全ての原点です。

新しい体験や経験をしてもらうことによって、その人の判断基準を高めてもらう。

それが、後々、仕事に浸透して行くことになります。


繰り返します。

私たちは、まだまだこれからの〝成長企業〟ということ。

経験する場と、失敗してもらう場、を用意している、ということ。

教育の場を惜しみなく用意している、ということ。

これがあるから、私がリビアスのパートナー（社員）が「優秀だ」と言い切れる理由なのです。

現にその証拠を教えます。

コンビニの店舗を遥かに超えるほどの理美容業界

理容室約12万店、美容室は約23万店舗に加え、エステやネイル、アイラッシュなどの専門店を含め、合わせて約35万＋α店舗の中で、とても競争が厳しい世界が今の理美容業界の現状。というのは先にも書きました。

その中で、リビアスの店舗は、創業23年にして約２３０店舗を超えています。

こんな激しい業界の中で、リビアスにしかない特許のある技術とか、リビアスにしか無い商品のようなものは、別段ありません。うちで扱っている商品、技術は、他のお店でも、すべてやっていることなのです。

カラーをする、カットをする、エステをする、ネイルをする、アイラッシュをする。どこも一緒。扱っている商品は、全部一緒なのです。

では、なぜ理美容業のおびただしい数の中でも、当社は増え続けているのか？

ついでに日本の人口は、どんどん減少しています。

人口が減少するとは、どういうことでしょうか？

私たちのお客さんの数自体が、どんどん減っていることになります。


では、日本国内のコンビニの数はどれくらいだと思いますか？

街中、あちこち目にしますよね。

全部で約５万店舗（平成27年12月現在）です。

これもすごい数なのですが、35万店舗＋αもある理美容業界に比べると、もはや少なく思えます。

コンビニであっても、どんどん淘汰されていく時代。

理美容業界という市場も、年々縮小しているのです。

その中で、どう生き抜くのか？　増えて続けていくにはどうするのか？

カタチが無いモノを売る業界 圧倒的な数の中から選ばれるには？

35万店舗＋αという膨大な数。
他のお店は、全てライバルになります。
お客さんに、その中から1店を選んでもらわないといけないのです。
一度だけではなく、継続して、ずっと来てもらわないといけません。
「他店へ行く」イコール「私たちのお客さんでは無くなる」です。

昨年より売上が下がっているお店は、去年までお客さんであった人が、今年は違うお店に行っている、ということです。何かの理由で。引っ越しかもしれません。お店に対しての不満かもしれません。必ず何か理由があるはずです。

逆に去年より売上が上がっているお店は、ライバル店に行っていたお客さんが、私たちのお店を選んで来始めてくれた、ということです。

市場自体は、どんどん減っている非常に厳しい業界。

売っている商品は、どこも似たり寄ったり。

その中で、私たちは23年で２３０店舗出店。その23年間、私たちリビアスの会社は、売上が前年を割ったことがありません。

業界縮小の中で、なぜ私たちリビアスだけが、これだけの店舗数になったのか？

当社だけ、何か良い話が舞い込んできた…とか、私にだけ…とか、リビアスのパートナー（社員）だけ…とか、何か特別な事があったわけではありません。


ライバル店へ行かれないようにするには、どうすればいいのか？

お客様に〝選んで〟いただけるには、どうするのか？


それは、ライバル店との〝差別化〟です。


私たちは、色んな手を打っています。

まず、リビアスの業態は〝多種多様〟です。理容室、美容室、レディースシェービング、まつげエクステ、ネイルサロンなど専門店がありますが、理美容業界の常識にとらわれずに、いつもお客さんのニーズを最優先にして、事業を展開しています。
全国展開をしている、という安心感も強いです。

リビアスが出店する場所は、東京エリアであればJRさんや百貨店など、公共性のある場所にしか出店していません。とあるマンションの1階とか、テナントビルの何階とか、そういう類いのものには出店していません。

ルミネさんとか、東急さんとか、レミーさんとか、マルイさんとか、いわゆるメジャーな場所に出店させてもらえるのは、私たちを信頼していただいている、ということになります。

いくら「出店させて下さい！」と、こちらから願い出ても、会社の信頼がなければ、JRさんには入れてはもらえません。

これが差別化要因の1つです。


そして、もう1つ、最大の差別化とは…。

〝人〟です。

私たちの業界は、売っている商品には、カタチがありません。

〝モノ〟では無いのです。

カットにしてもパーマにしても、カラーやエステ、ネイル…。これはすべて【技術】、【接客】、【サービス】なのです。

つまり、商品は〝人〟

それをやる〝人の差〟になります。

技術とは〝人が身に付けている（体得した）もの〟です。

接客やサービスも、人が身に付けているもの。

だから、その人が、いかに優秀か否かで、他店との差が決まります。

結果、これだけ短期間で、当社が成長できている理由は、リビアスで働いているパートナー（社員）が、他の同業他社のライバル店のお店の人よりも〝優秀〟という証になります。

つまり、優秀だから〝お客さんに選んでいただいている〟のです。

「あの店員さん、感じイイね。技術も良いし、気遣いもできるし」

この評価が、総合的に高いからです。

これこそが、お客さんが選んでくれた最大の結果なのです。

〝人〟で差をつけるには…

では、〝人〟について、です。

リビアスの〝人〟が、他店よりも優れている、と言える要因の１つ。

それは、教育です。

人が成長するためには、きちんと教育を受けないといけません。

当社では、理容業としては珍しく、新卒採用を本格的にしていますので、毎年、大卒生の入社が増えてきています。

この新卒採用の効果は、周りのパートナー（社員）にも影響し、活力となっていますので、会社全体のモチベーションに大きく貢献しています。


当社の内定者は、入社直前の3月に、鹿児島県南九州市の知覧町に研修へ行きます。

特攻隊の地として知られていますが、戦争の事を学びに行く訳ではありません。

社会に出る前に、先人から、〝命の尊さ〟を学ぶのです。

不自由無く、やりたいことをやれる今の時代の有り難さを、気づかせてもらうのです。

ここに来れば、不思議と、「生きていること」「働けることに」対する感謝の気持ちが芽生えてきます。

他にも、早朝勉強会、幹部勉強会、研修旅行等様々ありますが、一番重要視しているのが「環境整備」です。

これが最高の教育となっています。

簡単に言えば「掃除」なのですが、「整理」「整頓」「清潔」が柱で、会社の経営におけるすべての土台になっていることは、間違いありません。

この「環境整備」の本質は、

〝自分たちの仕事をしやすくする環境を整えること〟です。

そして、

〝仕事に備えること〟なのです。

社長である私自身が、「環境整備」によって、パートナー（社員）の皆と、心を通わせることが、とても大きいのです。

これは続けていかなければなりません。

〝習慣化〟しなければなりません。

だから「環境整備〝点検〟」をしています。

日本全国、海外も含め、私は、すべての店舗を、自分の足で回っています。

〝点検〟という仕組みで、全パートナー（社員）たちと、心を通わせるために。

第3章 〝働く〟とは

学生から社会人に成る

人生には、3つの仕事がある

仕事というものは、大きく〝3つ〟に分けられます。

「個人」「家庭」「会社」――。

この3つが人生の柱ですよね。

【個人】というのは、趣味や健康、いわゆる自分自身のこと。

【家庭】というのは、若い皆さんであれば自分の親兄弟のこと。そして、いずれ結婚し、子どもを持ち、自分の家庭を築くことになるでしょう。結婚前であれば、彼氏彼女も含めていいと思います。いずれにしても、この2つはプライベートです。

そして、残る1つ――。

【会社】です。

この3つ全部が大切です。どれか1つだけ…じゃダメです。全部のバランスが良くないと、人生はダメなのです。

しかし、これら3つの仕事には、それぞれ「時期」があります。

学生時代までは、自分自信の将来の事として個人に集中する時期です。勉強に集中しなければならないし、また自分の好きな事を見つけて、趣味に時間を費やすこともできます。

社会人になると、新入社員として仕事を一刻も早く覚えなければならない時期もあり、ベテランになって大きなプロジェクトを抱えれば、会社にすごく集中しなきゃいけない時期も来ます。

女性であれば、子どもを産んで育てるときは産休を取り、家庭を中心にしなければいけない時期です。

このように、どれも欠かす事なく、この３つをバランス良く大きくしていく事が〝人生の幸せ〟なのです。これは間違いありません。

ただ、人間というものは、１日の３分の１は、寝ている時間です。

残りの３分の１が、食事やプライベート。

残りの３分の１が、会社の仕事に費やす時間。

つまり、何が言いたいか？

人生は、大半が〝会社の仕事に、時間を費やす〟ということなのです。

「会社の仕事」が人生における【センターピン】なのです。ボーリングで言うと一番前に立っているピン。そこにボウルが当たると、7・8本倒れますよね？　つまり一番、影響力があるピンなのです。

会社の仕事は、まさにそのセンターピン。

これから社会に出てゆく若い人は、まず、このことを改めて認識しなければなりません。

人生の大半を費やす〝会社の仕事〟――――。

その時間を、楽しく思うか、嫌に思うか。

面白くするか、辛くするか。

それは、すべて自分次第なのです。

自分の使命を見つけるために

「自分の使命は、何だろう？」と考えた事は、ありますか？

一体、何でしょうか？　この世に生を受けたわけですから。

「自分は、何のために、この世の中に生まれて来たのか？」

「自分の役割って、何なんだ…？」


一度くらい、考えたことあるでしょう。

本当に、それって一体、何でしょうか？


私は、こう思っています。いたってシンプルです。
①まず、〝自分の使命〟をちゃんと自覚する事。
②それに向かって行動して行く事。
これが人生の「充実感」であり、「幸せ」なのだ、と…。

それには、まず〝自分の使命〟を見つけなければなりません。すごく大切です。

使命を見つけ、自分の腑に落ち、確信が持てたなら、もう迷わなくなります。人生に。

でもそれは、ほとんどの人が、なかなか見つけられません。

時間がかかります。

なぜなら…。

色んな経験をしていくと、自分の得手不得手が分かってきます。

自分の「得手」は、やっていて楽しい気持ちになります。

「得手」の経験を積んで行くと、〝自分の使命〟が少しずつ見えてくるのです。

それを、何度も何度も繰り返していくと、〝なんとなく…〟から、やがて〝確信〟に変わるときが来ます。

そうなれば、迷わず真っすぐに走れます。確信を持った人は。

では、私の場合――。

家業の床屋へ入門し、5年後、自分で会社を創りました。28歳でした。それから社長という立場で経営を通して、色んな経験を積んできました。

そして、たどり着いた結論。

それは…。

当社に関わるすべての「理容師さん、美容師さんが、活躍できる場をどんどん増すこと」これが私の使命です。確信を持っています。

とにかく私は、これに向かってやって行く、だけです。

終わりがありません。これには…。

ずっとやり続けて行かないといけないのです。


これが私の〝幸せ〟なのです。

これを〝やっている過程〟そのものが。

これが私の自己実現。

一足飛びには行きませんが、階段を上るように、一歩ずつ近づけて行く…。

私の人生も、まだ道半ば…。

おかげさまで、会社は順調に成長しています。しかし、成功した！とは一切思っていません。

まだまだやりたいことがいっぱいあるからです。

成功するための〝2つ〟の条件

成功するため、上手くいくために必要なものとは?

私は、この〝2つ〟だけだと思っています。


1つ目は【正しいものの考え方】―――。

これは、京セラの稲盛和夫会長が言われている事で、有名な話です。

人生の結果は、「能力×熱意×考え方」というものです。

「能力」は、ゼロから10まで段階があります。

「熱意」は、ゼロから10まで段階があります。

「考え方」は、プラスかマイナスだけ。

つまり、いくら〝能力〟と〝熱意〟の2つを兼ね備えていたとしても、考え方自体が間違っていたら、悪い方へ上手くなって行く、からです。

とにかく「正しいものの考え方」が絶対に必要なのです。これが間違っていると、いくら努力をしても報われません。

2つ目は、【行動する】です。

いくら正しい考え方を持っていても、行動しなければ、何も変わらないし、何も起こりません。

行動は1回だけでは駄目です。ずっと〝継続〟しなければなりません。

「正しい考え方」に基づいた「正しい習慣」

これを実行すれば〝人は必ず成功する〟と言っても、まず間違いありません。

では、その「正しい考え方って、どうすんの?」です。

〝自分の考え方〟って、本当に正しいものなのか?

それは、自分では分からないはずです。

だとすれば、人から直接、教えてもらうしかありません。

それと〝本を読むこと〟です。

これが絶対です。私の経験上で言えば。

相談相手を間違えない

「〝正しい物の考え方〟が分からない」「自分では判断できない」

そんなときは、自身の「師匠」や「メンター」に相談してみるのです。

何でも〝聞く〟のが一番の特効薬であることは確かです。

自分が本来あるべき姿があるはずです。「自分がどうなりたいか？」というイメージ。

今まで生きてきた中で、自身の尊敬する人、目指すべき人、良き相談相手。周りに居ませんでしたか？

ただし、相談相手を間違うとダメです。その人が悪い訳ではありませんが、その人の経験値と価値観で、アドバイスをしてくれるだけですから、もし相談相手を間違ってしまうと、とんでもない方向へ行ってしまうこともあります。


私の場合は、「多店舗化する〝経営者〟になりたい」と、ずっと思っていたので、相談相手は経営者です。コンテストでチャンピオンになっているようなカリスマ美容師に会っても、仕方ないですよね？　そこを目指しているわけではないですから。私は。

例えば、野球が上手くなりたかったら、野球の上手い人に話を聞くでしょ？ サッカーの上手い人に「どうやったら、野球が上手くなれるのか？」なんて聞かないでしょ？ それと一緒です。

なので、まず「自分は、何がやりたいのか？」を見つけること、です。

しかし、それがなかなか見つけられない…。

「自分は何が合っているのか？」「自分に何がやりたいことなのか？」を意識し、探し求めなければいけません。極端に言えば365日24時間です。

そして、色々と経験していく中で、「こんなんじゃない」「こんなハズじゃないのに…」を繰り返していきます。

365日24時間、ずっと意識し、〝行動して、失敗した人〟でなければ、どんなに人に聞いたとしても、答えは見つからない、気づかないのです。

ここが肝心です。

人はマイナス思考へ流れて行く生き物

もし、何かに迷ったとき、どうすればいいのか？

それは、とにかくプラス発想をすること。基本は〝すべて前向きに〟です。

人間というものは、意識をしなければ〝マイナス〟に考えて行く生き物なのです。

「マズローの欲求五段階説」があります。

第一階層は「生理的欲求」（食べたい、寝たいなど）で、次の階層が「安全欲求」です。

危険を回避したい、安全・安心に暮らしたい…。

つまり、生き物は皆、物音が聞こえたら「あれ？　なんか敵が来たんちゃうん？」と
最初は、身の危険を感じるのです。それは、身を守ろうとする本能から。

だから人間も、何か音が聞こえたら自分にとって〝マイナス〟に捉えるのが本能。

普通に暮らしていれば、マイナス思考になっていく生き物なのです。

それを、あえて意識して〝プラス思考〟にもって行かないといけません。

それが〝教育〟なのです。

教育という手段で、プラス思考へ持って行くのです。

人は放っておかれて、何もしなければ、〝マイナス思考〟になっていきます。

目指すべき目標や向上心も無く、ただ日々を淡々と過ごそうものなら、人は知らず知らずマイナス思考へ傾いて行くのです。これに気づかなければいけません。

皆、一生懸命にやっている〝つもり〟なのに、成果が上がって、豊かになっていく人の方の数が、圧倒的に少ない…。

人間というのは、何もしなければ、マイナスの方向へ向かって行く生き物だからなのです。

モチベーションを上げるには

モチベーションが上がったり、下がったりするのは、当たり前です。

私もよくあります。

自分のモチベーションが下がっているのを、自力で上げることって、なかなかできませんよね。

じゃあ、どうするか？

それは、〝モチベーションの高い人〟に接する事です。とにかく常日頃からです。

もう、それしかありません。

悩み事があれば、すぐ電話をする。

誰にでも出来る、一番、早い解決方法です。


私もパートナー（社員）と1日同行することがあります。

必ず「社長、モチベーション上がりました！」と、よく言ってくれます。


モチベーションが下がるのは、人間であれば当たり前です。

私には、たくさんのパートナーや仲間がいるから、励まし合ったり、モチベーションを高める事ができているのです。

自分の周りの環境に、もっともっと頼っていけば良いだけのことです。

モチベーションの高い人と一緒に、行動しましょう。

１年間で本を１００冊読んでみる

①自分が体験する事
②人から教えてもらう事
③本を読む事
この３つが、物事を〝習得する〟ための手段です。

しかし、①と②は、日常の中で、そうそう刺激的な事が、毎日毎日起こるわけがありません。そもそも環境というものは一緒です。仕事をし始めても、それは同じことです。

普通の環境で、素晴らしい人に、いつも出会えるわけではありません。

一定の環境になっているはずです。
①～③の中で自分からどんどん積極的にできる事といえば、〝本を読む事〟だから、この読書が必須なのです。
とにかく「仕事に成功された人」や「人生を豊かに生きている人」の本を読み漁ることです。

社員の皆に、私はよく言います。

〝年間、本を100冊読みなさい〟と。

100冊という数字で、いきなり無理…と決めつけてはダメです。

毎月8〜9冊なので、週に2冊ほど。

「成功したい」とか「人生を豊かにしたい」と思うのなら、それくらい読まなアカンよ、ってことです。どんな本でもいいんです。最初は。

週に2冊の本を読むことって、多いと思いますか？

今の若い人は、本を読まない習慣になっているでしょうから、すぐにやれ、と言われても、なかなかできないでしょう。

でも、人は、その読書量に比例すると思います。

成功するか、しないか、は。


ちなみに、私はいつも本を4〜5冊、鞄に入れて持ち歩いています。常に、です。

先月、読んだ本を数えてみると62冊ほどでした。

ペラペラとめくるだけのものもあるし、1〜2ページだけ読んで面白くなければ、あとは読まない本だってあります。

斜め読みや、飛ばし読みをする本もあります。

もちろん、最後までちゃんと読む本もあります。

私の場合は〝感覚〟だけで読んでいます。

たくさんの本をじっくり読みたいのですが、時間に限りがあります。主に、出張で電車や飛行機で移動する時間を読書にあてています。

私が常に本を持ち歩いているのは、成功したいし、人生を豊かにしたいからです。

別に、お金持ちになりたいわけではありません。

どうせ1回しか無い人生です。せっかく生まれてきたわけですし、人生を充実させたいからです。

皆さんも、きっとそうだと思います。

何もしなければ、何も変わりません。

だから、まずは【読書】から始める事をおすすめします。

私のような読み方でもいいのです。とにかく本に触れて下さい。そして毎週２冊ほど読めば、すぐ年間１００冊になります。

まずは、やってみて下さい。

自分への投資を惜しまない

「本を買え」と言われても、確かに、本を買うお金には限界があるでしょう。
しかし、「お金が無いから、本が買えない」とか言ったらおしまいです。
「買えないから、読めない」なんて言えば、すべてが終わってしまいます。
仕事もそうですし、人生もそうです。
そこを〝どう突破するか？〟の意思が大事でしょ？
「お金が無い」という、その現実をどうするか。
その突破こそが、〝切り拓く〟ことになります。
人それぞれ、環境が違うでしょうけど。

たとえば、本を買うお金が本当に無い人の場合――――。
図書館があるわけですよね。図書館なら、市町村どこにでもあります。
それに、書店で立ち読みでもいいんです。
とにかく、本を読む方法はいくらでもあります。

「お金が無いから本が読めない」は、単なる〝読まない人〟の言い訳に過ぎません。

ついでに、裏技も教えます。

自分の会社の社長さんに、おねだりすることです（笑）

「読み終わった本を貸して下さい！」と試しに言ってみてください。全然、失礼ではありません。嫌がる社長さんはいないと思います。むしろ喜ばれるでしょう。もちろん、お願いの仕方や言い方は、最低限の礼儀がありますが。

もし、本をいただいた場合は、何か御礼を形で返す、ことも大事でしょうね。ちょっとした感想文やレポートを書くとか、仕事で応える、とか。

逆に、たまには自分が読んだ本を社長さんにお貸しする、っていうのも、いいかもしれませんね。「これ、読んで下さい！」と。

しかし、最終的には、本を買うお金をケチってはいけません。

たとえ食事の予算を削ってでも、捻出すべきお金です。

最も安い「自己投資」――――。

それが本だと思います。

たとえばビジネス本。あれは、経営者が寝る間を惜しんで、時間をかけて、必死で書き上げた1冊なのです。ノウハウがたっぷり詰まった1冊。それが、1000円ちょっとで手に入るわけですから、安すぎます。

本を読み慣れていない人が、いきなりハードルを上げて難しい本を買うのは、やめましょう。買っても、読まないと思います。結局は。

まずは何でもいいので、好きな本を買えばいいです。

でもあえて言うなら〝歴史〟に関する本をたくさん読んで欲しいです。とにかく深いのです。歴史というのは、世の中が動いた事実、先人たちの事跡なので、そこから得る教訓はたくさんあります。時代の流れ、時のリーダーの決断、組織の作り方、外交など様々。人としての生き方も深く学べます。

「愚者は経験に学び、賢者は歴史に学ぶ」

ドイツのビスマルクが残した言葉です。

もちろん、経営者が書かれたビジネス書も良いです。

でも、人間としての〝深み〟〝原理原則〟などは、歴史を知っている人には、それが自然と身に付いている、と思います。

素直に人のマネをする

もう1つの正しいモノの考え方は、あえて力を込めて言います。
〝人のマネをすること！〟です。

社会に出たら、仕事において、とにかくマネをする。自分の職場や取引先、パートナー会社など、仕事には様々な場面があります。そんな中で仕事のデキる上司や先輩、尊敬する経営者のマネをすることです。

社会に出ると、この行為は、カッコ悪い事でもないし、恥ずかしい事でもありません。仕事で失敗する事の方が、よっぽど恥ずかしいからです。

私の場合、理容師として理美容業界に入ったのが人より遅かったこともあり、その上、技術が下手くそ。そもそも技術の仕事そのものが、あまり好きではなかったくらいですから、プロとして、腕もモチベーションも最悪でした。

しかし、こんな私でも、ちゃんと理容師になれたのです。才能があったわけではありません。

なのに、なぜ…？

それは、職場の店長や先輩から言われた通り、教えてもらえた通り、ただ素直にマネをしてきただけのことです。

おそらく私は、他のどんな仕事をやったとしても、そこそこイケる自信があります。それは、私に能力があるわけじゃなく、言われた通りに〝素直にちゃんとマネをする〟ことができるからです。

実はこう見えても、私は気が弱い…。人の意見を聞かないと、不安になることがあります。その性分が良かったのかもしれません。


松下幸之助さんも言われています。

成功する人、伸びる人の条件は〝素直さ〟だと。

〝素直さ〟とは、まずは一旦、全部受け入れて「やってみる」ことです。

やってみてダメだったら、改善すればいいだけ。

まずは「やること」。これが最も大事です。

チャンスがある人

残念な人は〝選り好み〟をします。

「こんなん、やりたくない…」とか「これ、自分の仕事じゃない…」とか。ある程度、仕事に慣れてきた人ほど、仕事を選ぶようになります。自分の価値観で。こういう人は出世しません。

たとえば、私の場合、社長の立場としてパートナー（社員）の誰かに「何かチャンスあげようかな？」と思える人って、どんな人だと思いますか？

それは、何でも日頃から素直に「はい！」と返事をして、ちゃんとやってくれる人です。

実は、こちら側も仕事の指示を出すときに分かります。

「これ頼んだら、嫌がるだろうな…」と。

そのときに「私、やりますよ！」って気持ちよく言ってくれたら、嬉しいんですよ。単純に。

「こいつ、何とかしてやろう！」と、こっちも思います。

この〝繰り返し〟なのです。

だから、簡単なのです。会社組織で出世して行くことは。

とにかく、何でも素直にやる姿勢を見せて、ちゃんとやって行けばいいだけの話です。

「できる」「できない」ではありません。

嫌な事に対して「どういう風に対応するか?」を上司はちゃんと見ていますから。

もしその頼まれごとをされたとき、予想通りに嫌がったら、「あ、やっぱり、こういう奴だったのか…。もう、次は、頼まないでおこう…」と、なります。

そして、喜んで気持ちよく引き受ける人の方へ、どんどん仕事は流れて行くわけです。

チャンスと一緒に。


若いうちは、仕事を選ばず、率先して引き受けて、何でもやっていくこと。

これが最も大切。

いや、これしかありません。

「働く」とは、そういうことなのです。

第4章　チャンスとは

人の嫌がるところにチャンスがある

私が創業してから今の会社に成るまでは、当然ですが順調だったわけではありません。
会社を大きくしていく上で、実にたくさんの困難が現れました。

私の会社に〝今〟があるのは、なぜか？
どこにピンチとチャンスがあったのか。
私に、才能があったわけではありません。接客も駄目で、愛想も駄目。
じゃあ、一体何なのか？
それは…。
皆が嫌がるところに〝仕事のチャンス〟があったわけです。
私は、それを引き受け、愚直にやっただけ、でした。
これが、当社が飛躍的に成長することのできた、まぎれもない理由なのです。

急成長の１つとなった具体例を話します。

事業の1つに「髪剪処《かみきりどころ》」があります。簡単に言えば、スーパー銭湯の施設の中にある1000円カットの散髪屋さんです。そんなのは今でこそ、どこにでもありますよね。私が創業した2002年頃は、吹田市や豊中市、大阪市内でも北の辺りに、ポツポツあった程度で、当時にしては珍しかったのです。

そんな時代に、案件が私に舞い込んできました。

「今度、新しくスーパー銭湯が出来るから、その施設の中で1000円カットをやって（出店して）くれませんか？」と。

よりによってその場所は、河内長野（大阪市の西の端、和歌山の県境）でした。当時、拠点を置いていたのは大阪・北摂でしたので、そこから車で約2時間はかかります。さすがに遠いし、行った事もない場所だし、私でもその話を受けるのを正直、悩みました。ですが、「一体、なぜ、そんな話が私に回って来るんかな？」と思ったのです。

本来であれば、その場所の近くの同業者（理髪店）にお願いされるはず。

なぜ私なのか、理由を聞いてみました。

すると…、こうでした。

「いや、散々、色んな理容師さん、オーナーさんに頼んでみたけど、結局、誰も引き受けてくれなかった」と。

「何で、ですか？」と聞き返すと、「お風呂の中で…、という環境が嫌なんだ」という理髪店がほとんどだったそうです。理容師とはカッコいい職場なのに、お風呂の施設の中にある、という職場環境が受け入れられない、と。「そこで働いていることが、すごく落ち目に見えるので、理容師としてのプライドが許せない！」ということだったのです。

その上、1000円という安価な料金設定…。今では珍しくありませんが、当時であれば「たった1000円で、俺の技術を売るのか？（怒）」と、職人さんなら誰しも、そう思うのが当然です。

さらに3つめの理由は「年中無休。しかも1日の営業時間が長い」ということは、そんなところで働いてくれるスタッフ（理容師）を集めるのが困難になります。これは経営者にとって、随分と頭を悩ます要因なのです。

この3つのマイナス要素が、どのお店も出店を断った理由。断られまくった末に、私に話が回って来たのです。

当然、私もその３つのマイナス要素が、すぐに頭をよぎりました。

でも、その反面、「あ、面白そうやな…」とも思いました。

確かに「お風呂屋さんの中にあって、それが１０００円のカットだったら、お客さんは喜ぶだろうな…」と。

「面白そうだな」「やってみたいな」という単純な感覚で、安易に引き受けてしまったのです。


でも実際に、開業してみると…。

これは私が想像していた以上に、とても大変なことでした。

そして、問題のスタッフ募集。苦戦はするだろうな、と予想はしていましたが、いくら募集をかけても、誰も集まらないのです。

結局、採用できたのは、かなり高齢の女性理容師さん一人だけでした。

これで開店するわけにはいかないので、私と妻も現場に入りました。毎日、２時間かけて、この店に通うことになったのです。

しばらくすると、スーパー銭湯がブームになり、兵庫や奈良にも次々と施設が出来ていきました。まさに出店ラッシュになったのです。

ほかの同業種（理容業）の方々は、誰もやりませんでした。

結局、今までの自分たちの価値観が変えられなかったのです。

引き受けるのは、私だけ。

お風呂屋さん同士、横の連携があるので、「大西さんのところに頼めば、やってくれるよ！」という情報が、あっという間に広がりました。

スーパー銭湯が出来るたびに、どんどん私に話が回って来たのです。

人手不足と現金不足で本末転倒に

時代は、スーパー銭湯の出店ラッシュ。次々と回って来る出店依頼。

反面、大きな悩みは、スタッフでした。

いくら募集をかけてもスタッフが集まらないのです。

大変困りました…。

私たちは所詮、お風呂屋さんの施設のスペースを借りている、いわば〝下請け業者〟

のようなもの。きちんと契約を交わしているので、常にお店に人を配置しておかなければなりません。たとえ、お客さんが来なくても。

背に腹は代えられず、最終手段として、大阪の本店（本体）のスタッフを行かせざるを得ません。

当然、その本体のスタッフ自身も嫌なわけです。

「何で、そんな所へ行かなアカンねん…」と。

それはそうですよね。

でも、そこを何とか、お願いして、スタッフに行ってもらいました。

こちらも施設との契約がある訳ですから。

そうすると、肝心の大阪の本体も、スタッフがどんどん減っていきました。

ひどいときには、1つのお店（10台くらいあるお店でも）を1人で回すことに。

当然、売上げは下がって行くばかり…。

逆に、スーパー銭湯のお店の方は、暇なのに、人を2・3人配置している状態。

会社の経営としては、まさに本末転倒。

その状態を続けていると、当然、会社の業績はどんどん悪くなっていきました。

会社の経営とは、結局は「お金の事」と「人の事」これがすごく大切なのです。

その上、現金が足りなくなって、質屋に駆け込む始末…。ついには、家族までを巻き込んだ悲惨な時期を過ごすことになったのです。

しかし、あのピンチがなければ、今はありません。

もし、あそこでやめていたら、今のリビアスはありません。

常に危機意識を持っていたから

そんな人手不足、現金不足の中、スーパー銭湯の中で床屋を続けていました。

施設側から見れば、私たちは、ただの下請け業者。

現に、嫌な扱いをされてきました。

「これをやってくれ」とか「やらなければ、お前ら追い出すぞ！」という風なこともしょっちゅう言われていました。

とにかく、それが悔しいのです。

しかし、楯突けない…。

どうやら現場の店長に対しては、さらに激しく過酷なことを言われていたようです。

本当に可哀想でした。

「我慢してな…」と、なだめたり、励ましたり。

それでも続けました…。


こんな下請けのような仕事って、有り難いと思う反面、嫌だな…という気持ち。

いつしか反骨精神が芽生え「いつか、こんな下請けみたいな仕事じゃない仕事をしなくちゃいけない」と心に強く誓いました。

それに、スーパー銭湯ありきの私たち散髪屋さんでしたので、もしお風呂の経営が無くなればこちらも無くなるわけです。つまり共倒れ。この先ずっと、何十年もお風呂の経営が続くとは思っていませんでした。

そうなると、こちらの出店もできなくなる。売上げもゼロ…。

常に、この危機感がありました。

この2つ（屈辱な思い、将来の危機感）が。

だから、私は、「他に、何か無いかな？」「何か無いかな？」

何か別の新しい事業を、いつも探していました。

そして、あるとき、ふっと気づきました。

スーパー銭湯なので、お風呂に入る前にカットをされるお客さんが多いのは事実です。

しかし、当時の売上げの3割を占めていたのが、お風呂上がりに女性が顔を剃ることでした。値段は1000円です。

お風呂上がりだから、当然、素顔のまま。

お風呂屋さんというある種、恥ずかしさがない場所なので、スッピンでパジャマのような格好で、ワイワイしていても、全然恥ずかしさもないわけです。


あるとき兵庫県の尼崎市にショッピングセンターができるということで、私に出店の依頼が来ました。現地で下見をしましたが、地域的なことと周囲に格安店が多いので、さすがの私も、一度は断りました。

すると、「店舗の賃料も下げるから、とにかく何かやって下さい！」と、再度、頼まれたときに、思いついたのが「お顔剃りの専門店」です。

2004年、尼崎のショッピングセンターに、お顔剃り専門店の1号店を出しました。おそらく日本初です。

これが大ヒットしました。

今の会社を大きく支えてくれている「ビューティーフェイス」のベースとなったお店でした。


つまり、スーパー銭湯の「髪剪處」にしても「ビューティーフェイス」にしても、常に危機意識や問題意識を持っていたからこそ、その機会を逃さずに、うまくビジネスにつながっていきました。

言いたい事は1つ。

今回の話は、私にダイレクトに回って来た訳ではありません。

何人もの人を介して、私に巡って来たのです。

今まで断った同業の人たちは、素通りされました。

顔剃りは、理美容業界ならどこでもやっていること。

だから、チャンスは皆にあったはずです。

事実は1つです。解釈は色々あります。

たとえば、コップの中のお水。量は半分、だとします。

「半分しか入っていない」と思う人。
「半分も入っている」と思う人。
事実は1つなのに、解釈は2つに分かれます。
私に良い事ばかりがあったから…ではありません。
チャンスにするのは、実は、自分の考え方、次第なのです。

「面白い」と「つまらない」は解釈の差

目の前の出来事というのは、常に平等なのです。
良い事も悪い事も、色んな事として現れます。
【面白い仕事】と【つまらない仕事】
そんなの、あるわけがない。
【仕事】は【仕事】です。
それを〝面白く〟できるか?
〝つまらなく〟するのか?

それ、だけです。

本人が決めていくのです。

仕事自体に、面白いも、つまらないも、ありません。

要するに自分。自分自身が決めていくのです。

〝ピンチはチャンス〟とはよく言いますが、実際に、「チャンス」という思考で、本当に行動できるか？なのです。

その差です。

その〝解釈の差〟に尽きます。

そして、その思った事を、ちゃんと行動していく事ができるか？なのです。

〝仕組み〟とは

〝行動していく〟〝継続していく〟〝習慣にしていく〟

これ、なかなか難しいのです。

これができないから、皆、途中で挫折をすることになります。

それを自分の意思1つでやっていくのは、意外になかなか難しいこと。

だから、それには【仕組み】が必要となります。

〝せざるを得ない〟仕組みが。


私は毎朝4時に起きています。どんなことがあっても。たとえ夜の飲み会で遅くなっても、です。

皆さんは、できますか?

よほど意思の強い人や、早起きが好きな人であれば簡単でしょうが。

私は違います。実は、苦手です。

自分の意思だけで、朝早く起きる事は、なかなかできません。

ではなぜ? それは…〝起きざるを得ない仕組み〟があるから、です。


その〝仕組み〟とは。

当社では「早朝勉強会」や「早朝報告会」を開いています。

その会を、私が仕切ります。

朝、社員やパートナー企業さんが私を待ってくれている状況です。

私が来ないと、全員の貴重な時間を、無駄にしてしまいます。

だから私は、「起きざるを得ない」「行かざるを得ない」状況を作っているのです。

これが、どんなことがあっても、朝早く行かなければならない〝仕組み〟なのです。

〝他人がいる〟こと。

【他者管理】と言いますが、これがいいですね。

環境整備点検で、私は全店舗を回ります。日本全国、海外の店舗を含めすべて欠かさず回っています。

これ、自分の意思だったら間違いなく行かないでしょうね。もし環境整備点検という仕組みにしていなかったら、私は1年に1回も行かないと思います。

しかし、毎月、全店に行きます。1年間のスケジュールに私が訪問する日が入っています。

それは、パートナー（社員）が、私が来るのを待ってくれているからです。

だから、私は行かざるを得ません。

第5章　海外にかける想い（前編）

中国という国～上海・香港

いつか仕事で外国に行ける人生にしたい 学生時代にアメリカで決意

私が外国に初めて行ったのは、20歳の時。大学2年生でした。お金は無いけど、時間だけはたっぷりある…。

とにかく「外国を知っておきたい！」という思いだけで、アメリカへ渡りました。何のツテもなく。まともに海外で滞在できるだけのお金は無かったので、とりあえず行きの航空チケットだけを買いました。

まずはロサンゼルスへ行きました。

アメリカという国は、とにかく広いのです。

第一印象は、感激…の一言に尽きます。

そこで目にしたものすべてです。車は大きいし、道は広いし、とにかく街が輝いて見えました。

ロサンゼルスでは、2週間、野宿をしながら過ごしました。

その時の体験が、「いつか外国に店を出したい」と思うようになるのです。

ロスからニューヨークへ移動。１ヵ月間、滞在しました。

このときに、強く決意しました。

遊びや観光で来るんじゃない。いつか将来、必ず〝仕事で外国に行ける人生にしたい〟と…。

海外への出店を試みるも、二度の断念

理美容業界に入った最初の頃は、たとえ自分の高い目標があったとしても、日々、自分のできることは限られています。３６５日、朝から晩まで、ずっと現場（お店の中）に居て、ひたすら目の前の仕事をするだけ、です。

それを繰り返していき、年を重ねていくと、段々とできる仕事の幅も広がっていきます。

そして、ようやく社員を雇えるようなレベルになると、私にも少し時間に余裕ができ

てきたので、ハワイへ行ってみることにしました。

行く前に、ネットで調べると、「ハワイで会社を作れる」というものを発見したのです。

すぐにチャレンジしました。

向こうの知り合いにお願いして、ハワイの美容室を1日貸りて、現地にいる日本人に、日本の技術を提供しました。

すると…。なかなか反応は良く、「日本の技術は素晴らしいから、ぜひ出店してほしい！」というのがアンケート結果の大半でした。

「やはり、外国はイイなあ。ハワイで、お店を持つのもいいなあ」

海外出店は、学生時代から憧れでもあり、目標の1つでもありましたので、一歩近づけた気がしました。

しかし、断念することになります。

結局、ハワイは生活する所ではなく、遊ぶところ。リゾート地であることを改めて感じたからです。


次は、タイのバンコクへ行きました。

某大手銀行のバンコク支店の支店長と面談する機会があり、出店の相談を本気でしてみました。

するとこう言われたのです。

「あなたが日本を捨てて、タイ人になる覚悟があるならば、やりなさい」と。

生半可にタイでお店を作って、成功するまでやり続けるのは、とにかく時間がかかる。

すると、タイ人のように土着化してしまい、もう日本には帰れなくなる。たとえ帰ったとしても、もう日本では社会復帰できなくなるよ、と言われたのです。

私に、そこまで覚悟があるのか？　タイに骨を埋める気はあるのか？

そんなの絶対にできない…と思いました。

それほどの覚悟は無かったからです。

だから、タイも断念することになります。


結果として、ハワイもタイも事業にはなりませんでした。

でも、後悔はしませんでした。

なぜなら、確実に、「やれるところまでやった」という経験を得たからです。

やったからこそ、分かった感覚。

これが後のち、役に立ってくるのです。

上海で〝ここならできる〟と確信

それから…。ひょんな事で中国・上海へ行く機会がありました。

もともとは観光で行く予定でした。

「ただの観光では、もったいない…」

そんな気持ちがあったので、知り合いに頼んで、上海の美容業界を色々と見せてもらうことにしました。

「あ、ここだったらイケるかも」

〝できるかも〟という直感が、やがて〝確信〟に変わりました。

外国出店がついに…。

手続きを進めて行く上で、中国という国独特の法律など、日本とは全く勝手が違います。やりにくいところは多々ありましたが、それ以上に〝挑戦したい気持ち〟が勝ちました。

そして、出店をしました。海外1号店です。平成20年（２００８）のことでした。

騙されたり、裏切られたり、とかいう話を周りでよく聞きますが、私はそんなに大した目には遭わず、想定していたことよりもスムーズでした。

これは、現地に精通したパートナーのおかげ。

国が違うわけですので、このパートナー選びは、絶対です。

続けていくには…

お店を出したのは、いいものの…。

上海で、実際にお店を経営し、それを続けていく事。この継続が大事です。

生半可な気持ちでは続けられません。

現に、日本の大手美容室も、一度は出店しますが、ほとんどが撤退していきます。

その中で、私たちが続けていくには。生き残っていくには…。

まず、大手美容室が撤退する理由ですが、ほとんどが「視察」という名目で、現地の市場の表面だけを見ただけだった、と思います。

「接客、技術、サービスは、やっぱり日本の方が上だな」と妙に過信してしまい、やがて〝上から目線〟になってしまうからなのです。

それと、出店することは、お客さんが来られることが前提でスタートします。たとえ家賃が高くても、良い場所に、華やかに大きな美容室を出してしまいます。

でも実際は、上海には上海の現実があります。

どんなに日本のものが優れていたとしても、どんなに押し付けても、そこには大きなギャップがあります。

そして、すぐに成り立たなくなります。

撤退する理由の1つが、「現地のお客さんに、受け入れてもらえない」ことなのです。

そして、もう1つの理由は、人（スタッフ）の問題。

私たちの業界は、形のある商品が無い、と先に書きましたが、技術、接客、サービスだけ。そこで働くスタッフ〝人そのもの〟が、そのまま商品になるのです。

だから、スタッフのモチベーション、お客さんとの接し方がすべて、と言えます。お客さんに選んでもらえなければなりません。

有形の商品であれば、商品そのものの品質管理を向上させるのが大切です。

しかし、私たちの業界は、現場で働いている美容師さんたちの品質管理が要。

だから、〝人〟管理が、最も重要なのです。

しかし、人はモノと違って、感情があります。日々、揺れ動きます。良いときも悪いときもあります。良いときを保ちたいのであれば、経営者であれば定期的に、上海の現場へ来なければなりません。スタッフに会って、現場も人も見てあげないといけないのです。

上海で成功している日本企業は、色々ありますが、特に私たちサービス業は、どれだけ足しげく現場に通えるか？　これが重要となります。

上海に出店して以来、毎月欠かさず、私は上海に来ています。

必ず、毎月です。

たった２～３日の滞在ですが、どんなことがあっても、これだけは続けています。

〝毎月来る〟ということが大事です。

毎月、日本の本社から「社長が来る」となれば、中国の人でも、多少なりとも襟を正してくれます。

これこそが、私たちの商品（人そのもの）の〝品質のブレ〟をできるだけ抑える、という仕組みなのです。

次の出店はどこの国？　出店の基準とは

よく言われます。「次は、どの国に、出店されるんですか？」と。「韓国には出さないんですか？」とか、色々と言われます。

私の出店の基準は、明快です。

それは、「私が、毎月、そこに行きたいかどうか？」が判断となります。

日本国内の２３０店舗は、私が行きたい所なのです。

海外出店も同様です。

「私が、毎月、行きたいかどうか」

その気持ちが無ければ、例えどんなにビジネスの魅力があったとしても、やる気はありません。

お店を出した以上は、毎月、行きたいかどうか？　これは絶対に必須です。

遠かろうが近かろうが、一切関係ない。行きたいかどうか、だけなんです。

国内であれば、その都道府県に…。海外であれば、その国に…。

それに魅力を感じなければ、絶対に出店しようとは思いません。

私自ら、毎月行けるのかが重要。

それは、品質を管理するためです。前章で書きましたが、品質とは〝人〟

この考えが常に有ります。それが正しいかどうかは、分かりません。


極端な話、もし将来、世界中に、何百、何千と展開した場合、それを全部、回れるのか？　それはそれで、もちろん、やり方は変えますが、考え方は変わりません。

こんな考えのもとで、初の海外出店は、ハワイでもタイでもなく、上海でした。

偏見を払拭し、中国という国が好きに

上海に出店するとなった時、最初の頃、仲間がいくらか出資をしてくれました。

その時、仲間が言ってくれたのが、

「お金を出す以上は、自分たちも一緒に経営している感覚になる！」

「もし、人に困ったら、日本人のスタッフをどんどん応援で送るからね！」

「毎月、僕たちも一緒に行きますから！」

しかし、実際に蓋を開けてみると、ほとんどの方は、それっきり、来られませんでした。

私自身は、強い思いを持っているので、個人でも3000万円ぐらいはつぎ込んでいます。会社のお金ではなく自己資金を、です。

これはもう損得勘定ではありません。

なぜ、そこまでするのか？

結局、私は、この中国という国が好きなんです。

もともと中国史に詳しいわけではありません。

正直、日本で生活していると、少なからず、中国人に対する偏見が芽生えてきます。中国の人も、日本に対して、とんでもない偏見を持たれています。南京大虐殺とか、歴史を捏造して、でっち上げている部分も多い。それに侵されているから、中国人も日本人のことをあまり良く思ってない人はたくさんいます。

それは、日本人も同じです。正しい中国の情報が入ってないからです。ただ一方的に、マスコミがテレビや新聞で、とくに悪い部分をネタとして報じてしまうからです。だから悪いイメージだけが先行する…。

中国に行ったことの無い日本人は、その偏った情報を鵜呑みにしてしまいます。

結果、中国や中国人を、悪い印象にしているのです。

極端ですが、ヨーロッパとかアメリカ人に例えられるとどこか嬉しい気持ちになります。逆に、中国人やアジアの人に例えられると、何かちょっと馬鹿にされた気になるように…。あくまでもイメージですが。

でも、私は中国にずっと来ていますが、とくに嫌な思いもしていませんし、過去に出会った人も本当に義理堅かったり、優しかったり…。そういう人ばかりでした。

これからもずっと、中国という国に、私は関わっていきます。

香港へ

上海の次は、香港となりました。

最初は観光で行くつもりでした。現に、一緒に行った皆さんは、観光されていました。

私と副社長は、香港の美容事情に興味があったので、事前にネットで調べて現地入り。

現地では、言葉が喋れないので、まずはガイドさんを探しました。誰かいないかな…と。

すると、ある女性の方とご縁ができました。現地で、その方とお会いし、今も、香港のビジネスパートナーです。その方を中心に、香港をサポートしてもらっています。

だから、香港は香港、上海には上海に、それぞれビジネスパートナーがいます。

出店する国々には、必ず現地のパートナーが必須なのです。


もちろん経営者ですから、売上と利益は出していかないといけません。

でも、それだけではないこともあります。

今やっていることが、直接、業績に関わっていなくても、長い目で見たときに、大きな事業に繋がっていくことがあるわけです。

その1つの例が、香港へお店が出せたこと。

先に上海へお店を出していたからこそ、次はスムーズだったのです。


初めての海外出店で、上海の時は、やはり苦労がありました。たとえば、工事です。予定通りに進まず、遅れました。どうしても出店日に合わせるために、役人に袖の下を渡さないといけない…ような事もしました。それがこの国の暗黙のルール…なのです。

上海は、役人が変わると、色んなことが変わってきます。

役人の気持ち一つで、許可が通る、通らない、が決まる。

中国は、「人治国家」なのです。

法治国家の日本では、まず考えられません。

騙されたりもしました。

何度も挫折しそうになりました。


そんな多少の苦労がベースにあったからこそ、香港に行ったとき、ものすごく楽でした。お店を出すことが。

同じ中国でも、まるで違うのです。香港は日本と変わりません。法律にちゃんと守られています。


ちなみに余談ですが、香港は、１９９７年7月1日に、主権がイギリスから中華人民共和国へ返還されました。つい最近のことなのです。

中国の領土でありながら、中国とは異なった政治、司法、経済、税制、教育、思想、主義、文化など、独立した社会体系を持っているのです。それと中国の政策（ネット検閲、情報統制、言論統制、一人っ子政策、文字改革、言語政策など）の対象からも外れています。

だから、2回目に香港へ行った時には、その場ですぐに契約しました。
スムーズに進んだのは、先に上海で色んな経験をしていたからこそ、です。
あの時、香港に観光で来たメンバーは10人以上いました。
上海のときも、お店を出す目的で来られた経営者は10人以上。
いずれも、ビジネスに繋げたのは、私たちだけです。
それは、自分の思い1つだけ。
「外国に、お店を持ちたい」という強い気持ち。
この思いが、ずっとあったから、叶える事ができました。
もし、それが無ければ、私も、いち観光者として、終わっていたはずです。

人生は、何にどう左右されるか、分かりません。
しかし、「どう選択していくか」は、自分次第なのです。

異国で夢を持って働く大切な社員

さて上海ですが、出店して早7年の月日が経ちました。

相変わらず、毎月、上海に行っています。

ところが、私は喋れる中国語が全くありません…。いつも現地の知り合いが付いてくれるからです。来るたびに中国語が喋れたら…と思ってはいましたが、今はもう諦めて、覚える気はさらさらありません。


上海の事業は、まだ全然、成功していません。

過去に3店舗ほど潰しました。

大赤字の時もあるし、トントンの時もあるし、ちょっと上手くいくこともある。それを繰り返しながら経営しています。


うちの元社員に、宮内悟という男がいます。高校卒業後、当社へ入社し、もう13年くらい経っています。

彼が中心になって、上海のお店を経営してもらっています。

今まで上海の事業には、計り知れないくらいお金を注ぎ込みました。

ある人に、大きく騙された経験も、二度あります。

会社の経営メンバーからは、「上海、もう止めたらいいじゃないですか！」という意見も出ます。よく言われます。確かに数字だけを見ると、とっくにやめたほうが良い時期もありました。


でも、私は、何か魅力を感じるのです。

上海という場所、中国という国に。


上海の次は、香港に2店舗、そして次は、ニューヨークのサロンとの提携に至ります。

すべて、上海がきっかけなのです。

ニューヨークのサロンとの提携のご縁も、元を辿れば、実は、上海で私たちを騙した人がきっかけでした。あまり詳しくは書けませんが…。

大金を騙されましたが、私は不思議なくらい、人を恨むとか元来しません。「アイツ、騙しやがって！」という気持ちも沸きません。

そういう人に巡り合ったこと、それを信じた自分に責任があると思う方です。

でも確かに、彼とのあの出会いがあったから、ニューヨークの提携にも繋がったわけです。

だからなぜ、そんなに儲かりもしないのに、毎月、上海へ行くのか？

1つは、宮内が居てくれるからです。高校卒業後、宮内が沖永良部（鹿児島）という沖縄の先の離島から出てきて、うちの会社に入ってくれました。

社員としてよく頑張ってくれましたが、何度も「辞める、辞める」と言ってきました。その度、話し合って、会社の中で色んなポジションで色んな仕事をさせました。

でも、いつも飽きてくるわけです。

それで数年前、上海にお店を出すとき、「じゃあ、上海に一緒に行かへんか？」と提案しました。

すぐにノってくれました。宮内は結婚して小さい子供もいましたから、大変だったと思います。でも挑戦してくれたのです。

しかし、ある程度、仕事が慣れてくると、また「辞める」と言うわけです。

その時は、社員だったから、「お前は、何がしたいのか？」と聞いたら、「経営者になりたい」と言ったのです。

「じゃあ、経営者になって、上海でお店を経営してみたら?」と。

それで、宮内に、上海のお店の経営をすべて任せることにしました。

経営を任せた以上は、「日本からの送金は一切せえへんで」と言い、彼の覚悟を確かめました。

社員である頃は、お店が赤字になっても、彼の給料がマイナス(一部歩合制)になれば、日本の本社から補填をしていたので、彼の生活は守られていたわけです。しかし今後は、自分でやる以上は、一切、日本からの援助はしない、と。

「それでも、やるか?」と聞くと、「やります!」と応えてくれました。

彼が覚悟を決めた瞬間から、本社からの送金は、ゼロになりました。

この面で、うちの会社も救われた、と考えるのです。

それまで毎月何十万円も送金していたのが、彼の覚悟「やります!」で、送金が止まったわけですから。

そこからは、彼自身で、経営をやっています。

私が上海に来たときに聞きます。

「どうよ? ちゃんと食えているのか?」と。

「お陰様で、働いていた頃の何倍も収入になっています！」と言ってくれました。

そこに到るまで、彼は本当につらい、つらい、1年を過ごしたのを、私は知っています。経営者としての苦労を。資金の面、人の面、色々とあります。

万が一、最悪の事態が起れば「最後は助けてやる」という気持ちは私にはありましたが。彼が「やる」と決めた以上、そんな辛い体験も、経営者には必要なのです。

今、中国では、宮内を中心に6店舗を経営。どれもそんなに大きな店ではありませんが、食べてはいけるくらい。先日も、アモイの美容室を買い取ったようです。アモイは〝中国のハワイ〟と言われている地です。

リビアスにとっての上海出店は、圧倒的にマイナスのほうが大きかったのは事実。

しかし、将来を見据える事が、私は大事だと思うのです。

当社の社員だった宮内が、ちゃんと独立して、上海で〝夢を持って働ける場〟を創ってあげられたこと。

これこそが、私が上海にこだわって、7年間、続けたことに意義があった、と、つくづく感じるのです。

息子を半ば騙して上海へ

もう一つの続けていた理由。私にも息子がいます。上海の大学に通っていました。現在は帰国してリビアスに新卒として入社しました。

恥ずかしながら、日本にいるときは野球ばっかりしていて、勉強はできませんでした。だから、日本では、野球で入れてくれるような三流大学に進学しました。当然、本人にモチベーションが無いわけです。別に自分が行きたくて行っている大学じゃない…と。現に4月に入学し、3・4ヶ月、ずっと大学に行きませんでした。

私は親として、このままだと本当に駄目になるな、と思いました。

息子に向かって、「環境を変えろ!」と、いくら言っても無駄。彼にも友達や色々な関係がある中で、いきなり環境を変える事は容易ではない。もう自分の意思では、なかなか変えることができないわけです。

このままでは、絶対にまずい。親として、何とかしないといけない、と思って、あの手この手を使って、半分騙すような手段で、上海の大学に送り込みました。

日本にいると、どうしても中国に対して、悪いイメージを抱いてしまいます。

当初、息子は、私を相当恨んでいました。妻からも、「何で、そんな酷いことするの」と言われました。

しかし、実際、息子は上海に行き、４年間を過ごして、人生が劇的に変わったと思います。

まずは大学生活。とにかく厳しいのです。必死にならなければいけない仕組みになっています。

中国の全大学かどうかは分かりませんが、うちの息子が通っていた大学は、単位が取れなければ、また1回生に戻る、という制度になっています。

日本の大学は、同じ学年をもう一度やり直す「留年」という制度です。

しかし、中国では、〝振り出しに戻る〟のです。

（横滑りをさせてくれる大学もあるようですが、あっても2校程度。進級できず、どうしても1回生に戻りたくない人は、その大学に編入するようです）

実際、息子の友人（日本人）は、上海で有名大学に通っていたのですが、3回生まで進んだのに、4回生になるときにダブってしまい、1回生に戻ったようです。また1回生からやり直し、とのこと。3年かけて大学に通って卒業前に、また4年間…。結局、7年かかることになります。

これは日本人からすれば、厳しい話ですよね。必死にならざるを得ません。

日本の大学であれば、適当にやっていても卒業はできます。

アメリカなど外国の大学は、入学するのは比較的に簡単だけど、卒業するのが大変だ、ってよく聞く話ですが、これを、まざまざと感じました。

だから、ちゃんと進学する…には。

とにかく学校に行かないと駄目なのです。講義にきちんと出席することが最低条件。出席した人だけが、試験を受けさせてもらえるのです。それで試験で、そこそこ点を取れば、合格。

だから、大学に行かなかった時点でアウト。いくら試験を頑張っても無理なんです。

もし、息子があのまま日本に居たら、どうなっていたか分からない人生でした。

中国に来て、中国語が喋れるようになった。自分の中で、一つの自信のようなものが芽生えて来る。次は、英語も喋れるようになりたい、という意欲も出てきたようで、色んなことに挑戦したい、と言ってくれて、人生を前向きになってくれています。

日本で大学生だった頃は、うだうだしていて、将来、何をしたいかが分からない状態でしたが、上海に来て、やりたいことが明確に見えたわけです。

日本に居た頃は、同じ家に住んでいたのに、親子の会話も少なかった。それが、私が上海に行って息子に会うと、生き生きとした表情で、色んな学生生活の話をしてくれるのです。

日本の頃とはまるで別人、と言ってもオーバーではないくらい、劇的に変わってくれました。


だから、私が中国で業績がいまいちだけど、続けることができたのは、息子と宮内のおかげなのです。

息子もパートナー（社員）も同じ

息子が中国に来た当時は、ちょうど尖閣諸島の問題で、日中関係が揺れているときでした。

実際、大学も行けなかったそうです。日本人は登校禁止になりました。それで妻が、「息子を日本に帰してやって。今、こんな時だから、不安だし、何が起るか分からないから…」と言ってきました。

そう思うのも、親として当然のことです。


しかし、私は一人の親でもあり、経営者でもあります。

だから、ここは帰す訳にはいきませんでした。

「自分の息子1人だけ、日本に帰すのは、おかしい。もし帰国させるなら、上海で店をしてくれている宮内と瀬尾（当時勤務）も一緒に帰さないといけない」と言いました。

実際、宮内と瀬尾は、毎日お店を営業しているので、物理的に日本へ帰すわけにはいかないのです。

何かあるたびに、お店を閉めて、日本へ避難させていたら、もう上海で事業は続けて行けなくなります。だから、よっぽどのことがない限り帰らすことができない。

危ないから息子だけ帰す。社員の宮内と瀬尾は帰さない。というのは、当然できないわけです。人として。

「宮内と瀬尾を帰さない以上は、たとえ息子でも、帰す気は無い」というのが、そのときの判断でした。

私からすれば、宮内も瀬尾も、息子のようなものです。彼らの年齢はもう30過ぎていますけど。

厳しくなる中国のビジネス事情
土着する覚悟の人財

私たちの理美容業ですが、中国では、今、非常に競争が厳しくなっています。

地元の中国人が経営している美容室に行くことが、上海も香港も多いわけです。

そういう意味では、中国でのビジネスは〝終わった〟と言うと、ちょっと語弊がありますが、これからもっと拡大する、とは言い難いのです。

とはいえ、中国という国は巨大なので、内陸とか田舎へ行けば、まだまだ勝算はあります。だから宮内も、今、内陸の方へビジネスの目を向けています。

ただ、内陸と言っても、上海のように都会ではありません。上海に拠点を置き、本気で中国に土着する覚悟を持った人でないと、攻めていけないのです。

そういう人財がいないと無理です。

日本に本社を置いて、そこから遠隔でビジネスをしていくやり方は、もう絶対に無理なのです。

私たちは、宮内という、覚悟を決めてくれた人財がいるから、内陸の方にも攻めて行けるのです。

上海、北京といった大都市は、私たちのような美容業は、今後は難しいと言えます。

香港も一緒です。

外国でのビジネス、骨を埋めるくらいの気概

外国でビジネスをする中で、つくづく感じるのは、〝命を賭けて、日本を捨ててでも、この国に骨を埋める〟それくらいの覚悟が無ければ無理です。生半可な気持ちでは絶対に無理なのです。

私たちには、そんな気概を持って、中国で経営してくれている宮内がいます。

本当に日本を捨てるわけではないですが、アジアを拠点としているので、日本にも帰っては来ますが。

サラリーマン的な感覚では、無理なんです。

経営者感覚で、どんどんやって行く！

そういう強い意志が、外国でのビジネスには必須なのです。


上海と香港に、毎月、行っていると分かります。

実は、〝日本人〟っていうだけで、ブランドがあります。

反日感情がどうのこうのと言っても、結局は、一般市民にとって、日本は憧れの国なのです。現に、特別視されます。

だから、上海と香港で働いていると、日本人は、勘違いし、調子にのってきます。

正直な気持ち、「俺ら、日本人だし、イケてるやん！」と。

そんな勘違いを、かき消してやらないといけない。


それも私が現場に行く役目の１つなのです。

第6章　海外にかける想い（後編）

ベトナムでの人財発掘〜ニューヨークのトップサロンとの提携

ベトナムに出店する意味

私は株式会社髪剪処《かみきりどころ》という会社で役員をしています。昔からのビジネスパートナーであり、仲間です。

そして、2015年11月、ベトナムのハノイに、理容室「髪剪処」を出店しました。

アジアといってもタイやカンボジア、色んな国があります。

上海や香港は、たまたまのきっかけでしたが、次にお店を出す国は、ちゃんと市場調査をしました。

そこで、ベトナム人が、一番、日本人の気質に合っているし、妙な違和感が無いことが分かりました。

国も大きくて、人口は約9200万人くらいです。

フランスの人口は約6600万人くらい。

ベトナムの平均年齢は28歳。（ちなみに日本は48歳）お年寄りがほとんどいないのです。

皮肉にもベトナム戦争（1960～1975年）で、その世代の方たちがごっそり亡くなっているからです。それくらい若い人の割合が高い国なのです。

世界一、手先が器用なのはベトナム人で、２番目が日本人とも言われています。

そして仏教国です。

国民の80％が仏教徒。キリスト教徒は９％、残りがイスラム教や新興宗教。

だから感覚が日本人に近いところがあります。

タイもそうです。国民の宗教観というのは、すごく大切。

アジアの中で、シンガポールも発展していますが、イスラム教徒には、イスラム国の人ではないのですが、どこか違和感を抱いてしまうのも事実です。


ベトナムに出店することには、大きな意味がありました。

上海と香港のときは事業として、収益をあげることを一番に思って、当時は出店しました。

では、ベトナム進出の理由は…。

人財です。


今、日本では、理容師と美容師が激減しています。エステティシャンやネイリストも含めて、働く人がどんどん減っているのです。

人口が減っている事も事実ですが、この業種自体が、「手に職を」とか「自分のやりたいことを仕事にできる」とか「キレイな仕事」という風に一見、見えますが、実際に職業にして生計を立てていくことになった時に、その現実が分かります。

一体、どれだけの収入があるでしょうか。

たとえば、東京の原宿、青山、銀座の有名美容室に勤めている30歳前後の男性スタッフであっても、給料は手取りで20万円も無い人がほとんど。一部のカリスマ美容師を除いては。そんな業界なのです。今は、それが現実。

男の人が〝雇われ美容師〟として、一生やっていくというのは、非常に厳しい現実なのです。収入面で考えても、結婚することすら苦しいことが分かります。

しかも、学生の志願者に関しても年々厳しくなっています。

美容学校は、今は二年制です。大阪の美容学校の学費は、平均３５０万円くらい。ほか教材などを入れると４００万円くらいかかります。親御さんが子供のために４００万円を支払って、卒業させても、就職先は最低賃金にも満たさないような業種で修行して…という将来では、やりきれないのです。

昔であれば、それでも将来は、「夢を持って、自分でお店を持てる」という目標があったから我慢して頑張ることができました。

今の時代は、自分でお店を経営しても、なかなかうまくいかないのがほとんど。

理容業の免許を持っていても、その職に就いている人は、もう3割を切っています。

お金をかけて免許を取っているのに、実際に理美容の仕事をしている人は、そんなに居ない、というのが現実です。介護士や整体士も資格が必要ですが、割と状況は似ています。収入面では。


だからこの業界が、いかに異常か？

でも私たちは、出店をすることを基本的に考えて事業をしています。

そんな状況だから、日本の人材だけでまかなうのは、もう限界なのです。

ちなみに世界で見ても、先進国の美容業でいえば、その国の人がメインでやっている国は、実はありません。アメリカでも、ヨーロッパでも、その国の人ではなくて、フィリピン人や韓国人の外国人スタッフ。どちらかと言えば、新興国の人が手に職つけるために、その国へ渡って働く、という業界なのです。

まだ日本だけ、日本人だけでやっているのです。しかし、これだけ日本の人口も減り、理美容業に入って来る新人（日本人）も減り続け、もう秒読み段階なのです。

それだけ人手不足への対策は、急務なのです。

その対策の1つは、外国人労働者を入れていくこと。

では、どの国か？

勤勉さ、器用さ、そして宗教観。

日本に来たときに違和感の無い国の人は？

日本のお客様に対して、できるだけ違和感の無い国は…どこか？

それがベトナムだと思いました。

次は、カンボジアにも注目しています。

近い将来、ベトナムやカンボジアの人たちを日本で働けるように迎え入れたいと考えています

しかし、お客様にカットや、顔そり、シャンプーをするには、国家資格が必要です。

だから、外国人スタッフが日本に来たとしても、お客さんに施術はできません。

それだと意味が無いわけです。

だから、法律の規制緩和を国へお願いしています。

以前、「安倍晋三首相が、美容室で髪を切ってもらった」というニュースがありましたが、あれは法律違反なのです。

美容師法と理容師法という法律が２つあり、美容師法では、「男性は美容室でカットしてはダメ」なのです。そういう法律があります。

昭和32年９月２日に施行された美容師法です。

今、「美容室」と言いますが、昔、私たちの世代は「パーマ屋」と言っていました。そこではパーマをかける人が主で、それに対して整えるためのカットであればやっても良い。しかし、カットだけにお店を利用してはいけない。

その法律があるから、「いつも安倍首相がカットをしに美容室へ行っている」というのは、法律違反に当たります。

今はルールを緩めたので大丈夫です。

とにかく１人でも理解ある政治家がいたら、こうやって変えて行けるものなのです。

まだまだ時代錯誤な法律があるので、この業界で働き手の減少問題は、かなり深刻です。

美容業のために規制を少し緩めてほしい、と私たちは動いています。

外国人ができるゾーンを増やす

外国人を研修生として3年間、日本で受け入れる。そして、母国に帰してあげるのです。

しかし、問題となるのは、日本の国家資格。

エステやネイル、ハンドマッサージ、美顔、ヘッドスパ、エクステ、これは無資格でもできます。

今までは1店舗営業するのに、3人の理容師さんがいなければできなかったことが、今では1人の理容師と、その他の無資格者で運営できるようになりました。だから資格者が3人いれば、3店舗出すことができます。

それは、無資格者でもできるゾーンを作り、メニューを増やすということ。

そうすれば、外国人労働者をどんどん受け入れることが可能となるので、これからの私たちの業界は、たくさん出店できるようになります。

将来の人材対策の1つとして、私たちはベトナムに出店したのです。

70代のカリスマ美容師が輝ける街 ニューヨークに感激！

ニューヨークは世界の中心です。私たちの業界でいえばファッションのトップは、ニューヨーク、ロンドン、パリ、そして東京です。

アメリカに居ても日本人は特別視されます。しかし白人から見ると、やっぱり下に見られています。それは色んな端々の対応で感じます。

レストランやカフェの飲食店であれば、黄色人種や有色人種がたくさん働いているので違和感はありませんが、少しかしこまった様な、フォーマルなお店だと、やっぱり白人の世界です。ちょっと下に見られているのは、少なからず感じます。

そのニューヨークでも、出店を考えました。

日本では、美容師さんは若い20代の頃はいいですが、30～40代になってくると、肩身が狭くなり、働く所がどんどん失われていきます。

特に男性美容師は、本当に働ける場所が無くなります。

40代になると、低価格の美容室ですら雇ってくれません。

昔は、「自分でお店を経営する（独立開業）」という夢も持てましたが、今は、これがあまりにもハードルが高いため、その道がほとんど閉ざされた状態といってもいいです。そして、年齢とともに、美容師として雇われて働く環境がどんどん減っていくのです。


しかし、ニューヨークは違います。

あの国では、70歳のカリスマ美容師がいます。従業員として、です。

70代のヘアースタイリストが活躍しているのです。

日本なら、まず雇ってもくれない年齢…。

アメリカという国は、一つのことをずっとやってきたことは、大きな実績で、それを重んじてくれるところがあります。そういう環境があります。


当社の若い美容師さんたちも、色々な夢があって希望に満ち溢れて働いてもらっていますが、30代、40代になってくると、なんとなく美容師をやっている感じになってきます。「生活のために働いている」という事は、それはそれで良いんですけど。

しかし、この若い子達が、いずれ10年、20年経って、生活のためだけに仕事をしないといけないのか？と、思わず私は憂いてしまうのです。

これからもっと日本の人口は減り続け、高齢化になっていく中で、美容師さんも高齢化し、お客さんの年齢も上がっていきます。

どんな年齢になっても、美容師としてのプライドを持って、活躍できる場を創りたい、と思います。

私も今50代です。私たちの世代は、ちょうどバブルを経験して、豊かさを知っています。私たち世代でも、これから10年、20年経ったときに、自分が恥ずかしくなくて、カッコよくて、誇らしげに通えるような美容室は、出来ないかな？と思いました。

そんな心境だったので、ニューヨークへ行ったときは、思わず感動したのです。

「凄い！　こんな美容室を創りたいな！」と。

今、そんなのは日本にはありません。

どうせ、やるなら〝ニューヨークで1番の美容室をやりたい！〟と思いました。

ナンバーワンといえば、エドワード・トリコミという美容師さん。

映画『シザーハンズ』（１９９０年米国、１９９１年日本で公開）があります。ジョニー・

デップの出世作でもあり、そのトップスタイリスト役の実際のモデルになったのがエドワード・トリコミ氏です。

その人が実際に経営しているお店がニューヨークにあります。誰もが認めるトップサロンです。

エドワード氏のカットは、今450ドル。日本では5~6万円くらいです。カットだけでその金額。

彼のカットの技法は、あまりにも幻想的。それを見た映画監督のティム・バートンが「これを映画にしたい！」と思って、『シザーハンズ』が創られることになりました。

そのモデルになるお店「ウォーレン・トリコミ」が、ニューヨークの高級ホテル、プラザホテルの中にあります。

昔、プラザ合意が行われた時の、あのホテルです。今でもマンハッタンのセントラルパークに五つ星ホテル。その2階の1フロアに超巨大な美容室があります。

「ウォーレン・トリコミ」は、マンハッタン内に3店舗、ニューヨーク郊外に3店舗、ロサンゼルスとマイアミに1店舗ずつ。セレブが避暑地で行くような所にも店舗があります。

そのお店へ見学に行かせてもらいました。

偶然、居合わせたエドワード氏に直談判

私がお店に見学に行ったときに、偶然、エドワード氏本人が居たのです。

普段、エドワード氏が店にいることは、滅多に無いこと。

私が行ったとき、本当にたまたま居たのです。

エドワード氏がいるときは、店内はピリピリした雰囲気になります。

その時、ちょうどエドワード氏の機嫌が良かったのか、私たちに気さくに話かけてくれました。そして自ら店内を案内してくれたのです。

このとき、私は、決めました。

「この瞬間しかない！」

通訳を通じて、頼んだのです。

「私に、この店を、日本でさせてくれませんか！」と。

すると…。

「いいよ！　じゃあ、やったら」

あっさり。


こっちも驚いてしまって、「本当に、良いんですか？？？」と。

つい5分前に、初めて会ったばかりの私が⁉

「本当にやらせてもらっても、良いんですか？」と聞き返しました。

すると「良いよ」と…。


興奮しました。

あまりにもあっさりなため、正直、半信半疑な気持ちで、日本に帰りました。

すると、その日のうちに、契約書がメールで届いたのです。

「私が、本当にやっていいんだ…」と嬉しさのあまり、震えました。

同時に、そんなに簡単にいけるのかな？とも思いました。

後に、よくよく話を聞いてみると、その時、一緒に同行してくれた通訳の女性ですが、この彼女がエドワード氏のビジネスパートナーと親友だったのです。

それを私は知らなかったのです。

その女性が間に入ってくれていたお陰でした。

「彼女が推薦してくれる人なら、安心だから」とエドワード氏が言ってくれたようなのです。


その証拠に、交わす契約書も、実にシンプル。

ペラペラな契約書でした。７～８枚の用紙にコピーされたものがホッチキスで留めてあるだけ。契約書にありがちな、性悪説みたいなことは、ほとんど無いのです。

アメリカは契約社会です。本来、契約ともなれば、分厚くなるような契約書を交わすことが当たり前です。

しかし、今回の契約は、「弁護士を一切、通さないでやろう」と言われたのです。

「親友関係で、一緒にやりましょう！」と。

このような関係が築けたのも、通訳の女性のお陰でした。

業界仰天ニュース入り　大阪本社の床屋がニューヨークのトップと

私の会社は、大阪が本社で美容業をしていますが、私は床屋出身で、技術も下手くそ。

当時、仕事があまり好きでもなかったので技術を極めることはありませんでした。

しかし、「自分のお店は出したい」という夢はありました。

この業界では、店舗展開していける人というのは、経営者の人がちゃんと技術を持っていて、有名な店長になったり、スタイリストでカリスマ美容師になって、自分でお店を出した人がほとんど。お客さんもスタッフも、その経営者の技術力やカリスマ性で、集められるのです。

でも私には、最初から、それが無かったのです。

私の理容師としての魅力で、〝人を集める〟ことはできなかったのです。

なのに、「自分のお店は出したい」という目標はある。

じゃあ、どうしないといけないのか?

〝組織を魅力のあるもの〟にしていかないといけない、と感じました。

本来、お手本にするなら、同じ同業者を見つけます。

しかし、私がお手本として学んだのは、実は〝異業種〟でした。

異業種の良い会社って、どんなんだろう？

魅力ある会社って、どんなんだろう？

他の人（同業種）とは違う目線で勉強して、〝異業種〟を模範にしたから、大阪の床屋が、こんなに全国展開までできるようになれたのです。


過去に、ニューヨークのトップサロン「ウォーレン・トリコミ」と業務提携をしたい！と、メーカーや経営者が、何人も交渉されたようです。

しかし、どれも叶わなかった…。

でも、うちがあっさり提携できた…。


私たちと提携した後、業界の中では、ちょっとした騒ぎになりました。

「今度、ウォーレン・トリコミが日本に来るらしい」と。

「それを経営するのは、リビアスという会社らしい」と、業界中に、一気に知れ渡りました。

「ウォーレン・トリコミ」というブランドは、美容師さんの中ではあまりにも有名。

なのに、美容業界では、リビアスという会社は、まるで無名でした。

店舗数や規模は、そこそこありましたが、いわゆる美容の王道の人たちからすれば、「リビアスって、何だ?」と思ったでしょう。

そして、よくよく調べると…、

「大阪の会社?」

「なんか…、顔そりとか、アイラッシュとか、ネイルとかやっているようだが…」

「店舗は多いけど、美容室としては、大したことない…」

「そんな美容室が、ウォーレン・トリコミを日本でやるなんて、絶対に失敗する…」

そう言われていました。

それからというもの…。バッシングが凄かったのです。

日本で初出店になる提携先が、自分たちが知っている、売れている美容室であれば納得するけど、「大阪の聞いたことも無いリビアスって会社…」な訳です。

「なぜ、そんなところが、やるのか?」と。

いくら通訳の女性が友人とは言え、そこまでのバッシングを受けながらも、なぜ私たちと提携してくれたのか？　私は、どうしても気になって、エドワード氏とビジネスパートナーに聞いてみました。

「なぜ、私たちを選んでくれたんですか？」と。

すると、こう答えてくれました。

「ブランドがないからこそ、私たちは期待しているのです」と。

「ブランドが無いから、ちゃんと本気でやってくれるでしょ。日本で有名な美容室が、本気でやってくれるか？というと、その人たちは本気でやらないと思います。もう日本で確立されているからね」と。

確かに、リビアスは、組織として全国で二百数十店舗あります。

理美容業の組織を作ることができる会社が、私たちです。

たとえ東京の有名なお店でも、都内に３～５店舗くらいの規模。

「私たちは、ウォーレン・トリコミを日本全国で広めてほしいのです。そんなことが出来るのはリビアスしか無いと思っています」と言ってくれました。
私は、嬉しくて。

最初は、バッシングの嵐でした。
リビアスの悪いところばかりを言われていました。
直接ではなくても、間接的に聞く噂もあります。

でも、それに対して、否定するつもりはありません。言われても当然です。
同業種にどう言われようが、ウォーレン・トリコミ経営陣からの期待に応え、いただいたチャンスに挑戦するだけです。

会社の真実を取り上げてもらえる

２０１５年3月、東京の表参道に、「ウォーレン・トリコミ」を開店。

日本初です。

美容業界紙で、リビアスという会社が記事に取り上げられました。フジテレビ「めざましテレビ」にも取り上げられました。全国放送です。

今まで２００店以上お店を開業してきましたが、開店するだけで、新聞やテレビに取り上げられた経験なんて、過去に一度もありませんでした。

それは、うちの会社の実力ではなく、『シザーハンズ』の「ウォーレン・トリコミ」の力なのです。

日本でも映画『シザーハンズ』は大ヒットしたので、知っている人が多い。

その話題性の力なのです。まぎれもなく。

しかし、最初はその力でしたが、次第に、リビアスという会社の真実を取材してくれるようになりました。

会社が取り組んでいる「環境整備」「経営計画書の作成」に注目してくれたのです。株式会社武蔵野の小山昇社長に教えてもらっていることをきちんと実行しているだけなのですが。

「リビアスという会社は、実は、すごくちゃんとしたことをやっている」と、気づいてもらえたのです。

美容業界では、前例が無いことをしている会社だ、と。

ザメディアジョンさんに手伝っていただいている「新卒採用（毎年）」も、大卒生を美容師にさせるなんて発想は無かったわけです。この業界では。

きちんと人事部を置いて、新卒採用活動をして、採用し、きちんと育てて理容師、美容師にしている会社はありませんでした。

〝この会社には、ちゃんと実態がある〟ということを知ってもらえた辺りから、周囲の目が180度、変わりました。

その結果、今では毎週のように、うちの会社見学に、同業種の方が来られるようになりました。

大小、色んな規模の美容室がありますけど、美容関連のサポート管理という組織の作り方など経営指導をさせていただいています。

一気に、スタッフが変わる環境になる

ウォーレン・トリコミと提携して、うちの会社で、何が一番、変わったのか？

それは、求人に応募してくる美容師さんが、今までとはまるで変わってきました。

質量ともに、です。

「ニューヨークのトップサロンで働きたい！」という意識のある人たちは、日本の中でも有名な美容師さんたち。

今までのリビアスで求人を出していたときと比べ、応募して来られる層が、格段違います。

その向上心のある人たちが来てくれたお陰で、若手社員（美容師）に対しても、大きな影響力を与えてくれます。技術もですが、美容師のプロとしての心構え、などを。

施術においては、そんなに大して差は無いと思います。

やはり一番、大きいのは〝人間性〟

お客さんは「この人に、やって欲しい」という魅力が一番なのです。

今、うちのウォーレンで働くスタッフたちは、20代の若い人たちもいますが、一番上の方は40代。この業界で、すごくメジャーな人です。カリスマ美容師ブームのあった頃、カリスマ美容師として有名になりました。

そのことで業界が騒然となりました。

「え？　あの人が、ウォーレン・トリコミに？　リビアスに行ったの？？？」と。

使命から逸れない

うちの会社の使命。私の使命は――――。

「すべての理美容師が、安心して、長期的に活躍できる場の環境を創る」です。

それを純粋に思って、ひたむきに取り組んでいけば、環境は、自然と創られていくようになります。

逆に、そこから外れるような事をやろうとしても、上手くいかないようになってきます。

人生って、そんなもんだな、と思います。

やはり、自分の使命「自分は、何のために生まれてきたのか？」の答えなんて、若いうちは見つからないでしょう。

だからこそ、最初は色んなことをやること。

選り好みせずに、です。

何でも引き受けて素直にやっていく人にだけ、色々と見えてくるのです。

あらゆることにチャレンジした人だけが、その中で、自分が生まれてきた意味を見つけられるのです。

そうすれば、人生は、自分の思うように成ります。

きっと上手くいきます。

第7章　人生は〝歴史〟に学ぶ

厳しい母が大嫌いだった中学時代

中学を卒業するまでは、母親が大嫌いでした。

とにかく口うるさいのです。強烈でした。

でも、母が言っていることは、間違ってはいないんですよね。

それが当時の私には、理解できませんでした。

たとえば、私を見るなり、何かに付けて文句を言われる…。

「やりなさい」と言われれば、私がそれをするまで、言われ続けていました。

母からすれば、私の格好も態度もすべて気に食わないのです。中学の頃の学生服といえば、不良の代名詞、長ランでしたので（笑）

小学生の頃の私は、母に従順で、大人しくて本当に素直な子でした。

変わったのは、中学1年生のとき。

ある事件がきっかけです。

私は友だちと、他校の文化祭に行く予定で、楽しみにしていました。

土日だったので、両親はいつものように仕事。

すると、「弟の面倒を見ろ！」と母から言われたことで、ついにブチ切れてしまったのです。

胸ぐらを掴むくらいの勢いでした。

もしかすると、今までの溜まりたまったものが、このとき爆発したのかもしれません。

生まれて初めて、母に対して暴言を吐きました。本当に、初めてのことでした。

なぜだか覚えていませんが、すごく行きたかったんだと思います。よっぽど楽しみにしていたのでしょう。

母に、抵抗するなんて…。

今まで、母に反発するなんていう思考は、微塵もありませんでした。

厳しい母。恐い母。

小さい頃から、ずっと私の頭に刷り込まれていました。

暴言を吐いたその直後、母がすごく泣いていたのを覚えています。忘れもしません。

「あんなに、素直な子どもだったのに…」と思っていたと思います。

私自身も、ちょっと悪い事したかな？　乱暴すぎたかな？という反省はありました。

多少は。

しかし、母は、それ以来、逆に「そんなことで負けてられへん！」と思ったのか…、益々パワーアップしていったのです。


そこからです。

私の自己主張が始まりました。

反抗期の始まりです。

母に対しては、ギャンギャン言うようになりました。

中学生になったし、体力的にもこちらのほうが強いわけです。小学生の頃は、随分と叩かれたり、殴られたりしました。しかし、もう、母から殴られることもないわけです。よけられますし。

そして、段々、不良仲間と遊ぶようになりました。

何かにつけて、私と母はケンカをしていました。

すると、ある日、母は、お店（職場）を離れ、専業主婦になったのです。

ずっと家に居るようになりました。

私が荒れ狂い出したため、「愛情不足だったから、これからは家に居よう、と思った」と母は言います。後日談ですが。

だから、なおさらでした。

日々のケンカが激しくなっていくばかりです。

父は、仕事に専念していました。その当時、3店舗ほど経営。

私と母の大ケンカが始まると、父が仕事を中断し、すぐに家に駆けつけてきました。

母が「早く、帰ってきてよ！」と呼び出すのです。

父も店が忙しいのに、母に言われたら帰らざるを得ないわけです。母は、父が駆けつけるまで、何度も何度も電話をするのです。

帰ってくるまで、言い続けるものですから。

父が、渋々と家に帰ってきて、私と母がやりあっているところを、まずは仲裁。

父は温厚な性格なので、「頼むから、仕事に支障が出るし…、お父さんのために辛抱してくれないか…」と、なだめられます。

父とは仲が良かったので、父に言われると、私は気持ちがおさまりました。

小学生のとき、テストで悪い点を取って帰ってくると、母から容赦なくしばかれるし、家には入れてくれない。

そんな私を、いつも父が、かばってくれていた。私の話をしっかり聞いてくれていました。

もし、父がいなければ、当時の私は、もっと荒れ狂っていたでしょう。


とにかく、母は厳しい人。

それは、社員に対しても、同じでした。

母のあの厳しさは、今になってようやく、きちんと理解できるようになりました。

「偉そうにしたらアカン！」

「生意気になったらアカン！」

「謙虚さを持たなアカン！」


もう、これ、私の原点です。

確実に、私という人としての土台になっています。

運命を変えてくれた廣池千九郎博士

私は歴史が大好きです。歴史好きになったきっかけは、テレビドラマでした。

小学生の頃に観た、源氏と平家の大河ドラマ。

源平の合戦は、どこか華やかで、単に、「戦（いくさ）がカッコいいな」というイメージだけで、のめり込んで行きました。


母に対する反発から、学校の勉強は一切しない人間になっていました。

中学3年生のとき、私の進路について三者面談が行われました。

先生と母と私。

「君は、もう行く高校が無いよ…」と先生から言われたのです。

「もう、家（散髪屋さん）で働いたら?」と、まで…。

それくらい、勉強はダメ。

なのに、歴史だけは、どんどん好きになり、ハマって行きました。

このときの私は、野球と歴史だけでした。

大半の時間を、野球の練習に費やし、時間を見つけて、歴史小説をむさぼるように読んでいました。

そんな私にとって、歴史上の人物で、私にとって影響のあった人。

あえて一人あげるならば…。

「廣池千九郎《ひろいけちくろう》」という方です。

今の私の〝経営の軸〟になっている人であることは、間違いありません。

いわゆるメジャーな偉人ではありませんが、江戸、明治、大正、昭和という4つの時代を生きてこられた方で、福沢諭吉と同郷、中津藩（福岡）の出身です。

中津藩の学校を出られて、一生懸命に独学で学問を身につけられ、最終的には東京大学から法学博士の学位を授与されたのです。

私が選ぶ、日本史上の偉人が、なぜ、この人なのか？

それは――――。

高校3年のとき、「行く高校が無いよ…」と担任の先生に見放された私でも、入学させてもらった高校がありました。
岐阜の麗澤瑞浪《れいたくみずなみ》高校です。
廣池千九郎博士は、その高校の創始者でした。
昭和13年に亡くなられた方なので、当然、私に直接、面識はありません。
でもこの創始者の考え方を、高校3年間、一から徹底的に叩き込まれました。
私の人生に、その後、大きく影響を与えてくれることになったからです。

人生を変えた高校時代

入学した高校は全寮制。3年間の共同生活でした。
ここで、私の人生が変わりました。
もし、この高校に行っていなければ、今の私は絶対にありません。
考え方、生き方において、です。
当時の私は、母のことが本当に大っ嫌いでした。照れとかじゃなく、本気でそう思っていました。

もし、あの高校に行っていなくて、あの教えを聞いていなければ、どうなっていたか分かりません。不良の道を突き進んでいたかもしれません。


モラロジーの話は、高校生のときには何度も聞かされました。とは言っても、当時は反発するだけ。どんなに良い話を聞いても、なんだか説教じみた事ばかりに思えました。

大学の時もキリスト教の授業が必須でありましたが、ろくに出ず、講義をほとんど受けていません。

でも、高校生のときに教わったモラロジーの講義は、どこか頭の片隅にありました。大学を卒業し、社会人になり、経営者になってから、です。改めてモラロジーの本を読み返しました。

間違いなく、今の私の人生の指針になっています。

麗澤瑞浪高校は、その教育において、どこか一本貫かれていました。知識として頭だけで覚えさせられるのではないのです。体に染み込まされていました。

たとえば、「親孝行」という教え。もし聞くだけだったら、それで終わりです。まして や高校生ですので、良い事とは分かっても、親孝行の本質なんてまるでピンとくるはずがありません。せっかくの教えも、右の耳から入って左の耳から出るだけです。ところが全寮制なので、すべての生活が自律。めちゃくちゃ厳しいのです。今まで、朝起きるにしろ、食事、洗濯、掃除…、すべて親がやってくれて当たり前だった事を、自分でやることになります。大学生の独り暮らしとは違い、先輩や寮の方が、とても厳しいわけです。徹底されていました。

家事全般を自分がやることによって、親の有り難さがひしひしと伝わり、実感してきました。

それと、毎朝、自分の故郷の方向へ向かって黙祷する、礼拝がありました。

学校・寮は、岐阜でしたので、私の故郷の大阪の方へ向かって頭を垂れるのです。

そして、親にハガキを毎日書かされていました。

毎日です。本当に毎日なので、書くネタも尽きます…。

まずは〝やってみる〟ことを重視させられてきました。

最初はカタチからでしたが、少しずつ実感が湧いてくるのです。

今、この年齢になると、「親孝行をすれば、自分も幸せになる」という意味がようやく分かりました。

しかし、まずはカタチだけやらされていた高校生の頃の当時も、社会人になってすぐの頃でも、「親孝行」が「幸福」に結びつくなんて、微塵も思いませんでした。

歴史を学ぶには、時代の流れを知る

歴史に関する本――――。

私は今でもたくさん読んでいますが、やはり書いている人の主観が入るものです。好きな作家は、井沢元彦さん、です。

私の歴史観は、この人の歴史観がベースになっています。ほぼ受け売りのようなもの。私が歴史の話をあちこちで語っているのは、ここがネタ元です。

では、なぜ好きなのか?

それは、井沢さんは元新聞記者だったからです。新聞記者の性分は、実際に、自分が現地に足を運び、自分の目で確かめたことしか信用しないからです。

歴史家という人たちは、自分の研究している分野には、とても精通しています。たとえば「江戸時代の○○だけ」とか。

しかし、歴史というのは、過去から現在に向かって脈々と流れているものなので、断片的に一部分だけを学んでも、本質を理解できません。たとえば大東亜戦争に関しても、戦争が起きた、あの部分だけを学んでも駄目です。幕末からの流れをちゃんと知っておかなければ、大東亜戦争の意味が分かりません。

しかし、歴史家の先生方は、ご自身が研究されている部門しか、興味が無い。その時代のことだけ専門的に深く知っている。しかし、時代の流れ、繋がりまでは、あまり教えてくれない…という傾向があります。

それに「資料絶対主義」です。

きちんと資料が残ってないものは、〝無かった〟ことになります。

現在、書物としてきちんと残っている資料は、時の権力者が作って残したものに過ぎません。勝った人たちが記録を後世に残しているわけです。それが本当に正しいか？と言えば、絶対とは言い難いのです。

だから私は、客観的に、資料に残っていない部分までをちゃんと分析し肉付けするのが、歴史小説家だと思います。元新聞記者出身であれば、なおさらです。確か、司馬遼太郎さんもそうですよね。

教育の大切さ、自分の国の歴史を知ること

歴史を学べば学ぶほど、分かります。

日本には、過去にすごい人物が沢山いたんだ、と。

それを知ることによって、〝日本人としての誇り〟が感じられます。

「感謝する」

「謙虚になる」

歴史上の偉人を学ぶことによって、段々と自分の中に芽生えてくるのです。

そして、教育です。

私も色んな国へ行きますが、日本民族というのは特別です。

なぜ特別なのか？

それは教育水準の高さです。

教育は、良いも悪いも出ます。戦前の教育が良いとか悪いとかは言いません。

たとえば、知覧で行われた特攻作戦。良い悪いではなく、あんな事ができるのは、まぎれもなく教育の結果ですよね。

戦後、アメリカが一番恐れたものは何でしょうか？

それは「日本人の優秀さ」です。

もう二度と、こんな優秀な民族に、戦争をさせないようにしよう、と思ったわけですから、あんな憲法を作らせたわけですよね。

ご存知の通り、今の日本国憲法は、日本人が作った憲法では無い。アメリカのＧＨＱが日本人に作らせた憲法なのです。

だからアメリカ人の都合の良いようになっています。

日本の教育はもちろん、道徳や文化、伝統まで、すべてアメリカに都合の良いよう修正されていったのです。

それを経て、今の日本がある――。

そして、その事実すら知らない日本の若者は、いっぱいいるのです。

それほど、「教育」というのは大切なものなのです。

経営者が学ぶべき人物は、徳川家康

徳川家康――――。

私が会社の経営者として、1番、参考にしている歴史上の人物です。

個人的に好きな人物は、他に、もっといます。坂本龍馬もそうです。

しかし、私は経営者として、この先もずっと、長く経営をやっていきたい。自分の代だけじゃなく会社を続けていきたい、という想いがあります。

「江戸時代」というのは、240年間も続きました。

豊臣家を滅ぼした1615年「大阪夏の陣」から、1853年「ペリー来航」までの240年間が、〝まともな江戸時代〟と言われていますが、その240年間、内乱が起きなかった国は、世界史上、例が無いのです。

これが〝徳川家康の作った大きな功績〟と一言で言えるでしょう。

徳川家康といえば、どこか華がありません。あくまでもイメージですが。

同じ戦国武将でも、織田信長といえば、すごく華やかで天才的。豊臣秀吉と言えば、貧しい身分から天下統一まで成り上がった人物。関西人は特に豊臣秀吉びいき。みんな好きです。

だから徳川家康のことは、すごく嫌なわけです。関西では特に…。

ただ事実として、２４０年間、泰平の世の中を築いたのが家康。たまたま偶然、続いたわけではありません。徳川家康は生前、きちんと考えて準備をしたからだ、と井沢さんも言われています。

歴史上、「危機管理において、徳川家康ほどの天才はいない」と。

この危機管理が、経営者には最も重要です。

東日本大震災のときも、想定外のことがたくさん起りました。想定外のことをどれだけ準備できるか？　結局は想像力です。この想像力を豊かにして、マイナスの事をどれだけ想像して、起こってはいけないようなこと、起こってほしくないことを、どれだけ準備しておけるか。これが危機管理なのです。日本人はこれが苦手といえます。

なぜなら、日本人には「言霊《ことだま》思想」があります。悪いこと、不吉なことを口に出したり、文章にすることを、すごく嫌がります。

しかし、欧米人は違います。ちゃんとリスク管理ができる民族です。あの人たちは、あらゆる最悪の事態までを想定します。だから契約書であれば、プロ野球の世界でも、日本の契約書の何倍もの厚みがあるのです。それは起きてほしくないことに対して、どうするか？ということまで全部盛り込まれているからです。

だから、日本人には、できないのです。普通は。

しかし、徳川家康には、それが出来たのです。家康自身の性格もあるでしょうが、過去にたくさんの体験があったからです。

徳川家康は幼い頃、今川家の人質として、不遇の時代を過ごしました。そして、本能寺の変を目の当たりし、「この世は、何が起るか分からない」と思ったのです。

絶対的な人物が、たった一瞬、一晩で殺された…。本能寺で、自分の部下に。そんなことが起きるなんて、誰も夢にも想定していなかった。それが、現実に起きたのです。

それと、豊臣家の崩壊です。

あれだけ栄華を極めた豊臣家が、豊臣秀吉という偉大なトップが死んだ瞬間に、一気に崩れてしまった。

織田信長や豊臣秀吉という天才が、どんなに素晴らしいトップがいても、その人が死んでしまったら、一瞬にして組織は潰れてしまう…。それだけ脆いものなのです。

だから「絶対というのは、この世の中には無い」という感覚が、徳川家康の根底にあったはずです。

では、「自分が天下統一をしたら、どうするのか？」

この先ずっと、平和な徳川の政権が続くことを望む…。

それで家康がしたことは、大きく２つです。

１つは、軍事面。家康が１番恐れていたのが、薩摩と長州。あの二藩は、関ヶ原では西軍（家康の敵）に付きました。それでもって大国です。だから、できるだけ遠く離れた地に置かないといけない。江戸からできるだけ遠くに置いたのです。特に薩摩を恐れて、仮想敵国にしました。日本もアメリカを仮想敵国にしましたよね。

薩摩が軍事面で歯向かってこれないように、江戸から１番端に置いたのです。当時、船は木造のものしかありません。鉄ではないので、そんなに大きくは造れない。だから、戦となれば、たくさん兵士を送れないので、必然的に陸路になります。

もし兵を率いて薩摩を発っても、江戸まですごく距離があります。その通過しなければならない拠点に、幕府の譜代大名の城を築けば良いわけです。

もし薩摩が挙兵し、九州本土から陸路を行くことになれば、まず熊本を通過しなければなりません。だから加藤清正に難攻不落の熊本城を築かせたのです。そして小倉にも幕府の息のかかった城を置きます。関門海峡を越え、山口県に入ると長州です。万が一、そこで連合軍を組んだとしても、広島や大阪で、親藩たちが城を置いています。

だから、軍事で半旗を翻すには、ほぼ無理なのです。当時の石高でいえば、江戸幕府は400万石くらいあったんですが、薩長合わせても、100万石足らず。金銭面からも軍事力が圧倒的に違う。100万石ともなると、兵士の数は3万人くらいです。あの長い陸路を辿って、江戸にまで着いて、戦争するなんて、あり得ない。

そこまで家康は、危機管理として手を打っていたわけです。

もし万が一、有能な人物が出てきて、未知なる新兵器でも開発されたら、どう防げるかは読めません。

それをさせないために、どうするか?

それが、教育です。

明智光秀は、本能寺で主君である織田信長を殺しました。

もし、「君主は絶対的な存在だ」という教育があれば、そんなことを起こそうとも思わなかったはず。本能寺で織田信長が殺された要因の1つに、京都には、当時、天皇陛下がいるから、軍隊を入れてはいけない地。だから、城もありませんでした。

それを憂いて、徳川家康の代になり、初めて築いたのが二条城です。

家康が京都に入ったとき、身を守れるような城を作らないといけないと思い、初めて、京都の街に城を作った。それまでは無かったわけです。

城のような防衛機能が無い所に泊まるということ自体が、織田信長に危機意識が無かったわけです。もう無防備で、僅かな数の部下たちと泊まっている…。これって、もう危機管理が全く出来ていないのです。

それと、教育をしていなかったからです。

当時の世は、普通に「下克上」が起っていました。室町時代から戦国時代までは。

江戸時代に入るまでは、君主に絶対服従という概念は、あまり無かったのです。当時の日本人の思想の中には無かった。

江戸時代になって、徳川家康が天下泰平のための教育をしたからこそ、なのです。

その教育とは、中国、儒教の「朱子学」でした。

朱子学は、君主に絶対服従なのです。これが、基本理念。

徳川家康は、それを導入して、広めました。

だから、当時以降の人たちは、「君主には、絶対に従います」と徹底的に植え付けられたのです。


この思想によって「徳川には、歯向かうことは悪である」と教育され、観念的に抑えられていったのです。

これが240年も機能しているから、江戸時代は長く続きました。


しかし、教育というのは、プラス面とマイナス面があります。行き過ぎると良くありません。

朱子学の「君主に絶対」と「士農工商」という身分制度です。

「士」とは、日本では武士の「士」と思うでしょうが、そもそも「士」というのは、官僚のこと。中国では、武士よりも官僚を意味します。科挙とか試験があります。日本に入って武士の「士」に解釈されたのです。余談として。

士農工商の中で、卑しいのは「商」です。商売をする人、商人のことです。

商人を蔑む《さげすむ》、というのは、当時は、まだそれで良かったのです。

しかし、国が豊かになり、戦がなくなってくると、経済が栄えないのです。

そもそもは、「商売は、駄目だ」と刷り込まれていたので。日本人は。だから貿易などで大きく商売をする行為は、良くない事だったのです。だから国が豊かにならなかったのです。

鎖国をして…。


では、なぜ薩長が討幕をできたのか？　1番は、やはりお金です。

薩長の両藩には、お金がありました。貿易をしていたからです。密貿易をして、お金はめちゃくちゃありました。

逆に、幕府には、お金が無かった。

なぜか？　それは、幕府の高級官僚などが、皆、朱子学を信じ、実践していたからです。それが国策だったからです。

その中に、「君主が絶対」という教えで、家康の時代が全て正しい、のです。

それを破って、新しいことが出来なかった。それが当たり前。

商売を蔑む…、という考えが刷り込まれていました。

結局、最後は、お金があれば色んな事ができるのです。武器を買ったり、色んな人に協力してもらったり。

薩長にはそれができました。お金があったからです。

これこそが教育の弊害ともいえます。


朱子学の中には、「王者」と「覇者」があります。

「覇者」は、武力で治めた人をいいます。

「王者」は、徳で治めた人をいいます。

徳川家康は、自分のことを「王者」だと思っていました。自分が生きていて、徳川の力が及んでいるうちは。

しかし、何百年もの歳月を経て、時代が流れ、ようやく気付き始めます。一般の人たちが。下級武士が。外様の薩摩、長州の人たちが。ずっと「徳川家」が、王者だと思って忠誠を尽くしていたが、実は、王者は「天皇家」であって、徳川は「覇者」じゃないのか?と。その想いが段々と周知され、ついに討幕運動へとなっていくのです。

自分たちが仕えるべきは、「徳川ではなく、天皇だ!」と。

そして、ご存知の通り、幕末を迎え、明治維新となります。

歴史の面白さ。それは、ローマ帝国とか国が成り立つところとか、仕組みを作るとか、組織を作っていくところに特に興味があります。経営者として、そこが知りたいのです。全く同じではありませんが、そこからヒントを得ることができます。

だから、「歴史を知る」「歴史に学ぶ」は、必須と言えます。

これからを生きていく上で、良いも悪いも、先人達が経験していることは、「最高の教材」なのです。

あとは、自分の想像する力と向上心、知識欲、行動欲！

自分の身に置き換えて、どれだけ落とし込めるか。

自分の仕事、自分の人生に生かしていけるか、です。

「歴史」を学ぶ入り口は何でもいい

ザメディアジョンの山近義幸さんとのご縁で日本ベンチャー大學の大阪校を運営しています。

引き受けた理由は、色々ありますが、この「歴史」という部分が私の中では大きいです。今まで、知覧研修や、松下村塾研修など、色んな歴史の場所に連れて行ってもらいました。それがすごく好きで、若い皆さんに「伝えたい」という思いも、もちろんありましたが、それ以上に、自分自身も色んなことに関わっていける。今まで行った事のない所に一緒になって行かせてもらえる。一緒に、時と場を共有させてもらえる。ひいては、自分が学んできたことを、色んな場所で、伝えていける。

ここに大きな魅力がありました。

そして、海外へ出店するようになって、ビジネスの現場でも、とくに強く感じます。国家観や歴史観。

これを持っていない人は、外国の人からは、全く相手にされません。日本人として。上海でも、香港でも、色々なビジネスの場面で、現地の人たちと話しをしていると、ある一定レベル以上の人は、自分の意見を持たれています。国の歴史を語られたり、日本の歴史についても聞いて来られます。

そのとき、自分の国の事を語れないと、もはや論外。

「私、歴史に興味が無いので…」

なんて、言ってしまうと、そのレベルの人にしか見られないのです。

ちゃんと自分の国の歴史を知り、自分なりの国家観を持つ。語れる。

それが、その人の教養であり、その人の礎を作っています。


若い人の中には、歴史を嫌いな人が、実に多いです。

どの時代でもいい。

どの国でもいい。

どの偉人でもいいのです。

自分の興味が持てる何かを見つけ、そのまま、すっと入り込んで行けば良いだけなのです。

それが、私の場合は、小学生の頃に見た大河ドラマだったのです。

第8章　強い会社に

私が社長を続けられる理由

「社長になりたい」「会社を経営したい」

その〝動機〟って、一体、何だと思いますか？

「社会貢献」とか「志」とかカッコいいことは抜きにして、ホンネの部分では…。

「お金持ちになりたい」「イイ車に乗りたい」「イイ時計を持ちたい」

こんな単純な動機が、ほとんどではないでしょうか？　ホンネの部分で…。私も最初の動機は、正直、そんな感じでした。

でも、いつかその心は変わります。

本気で会社を経営していれば、そんな単純な気持ちは、段々と…。

だから、最初は〝私欲〟でも、いいと思います。

もしその私欲が、そのままずっと拭えなければ、必ず会社はダメになります。絶対に。

会社の経営というものは、ずっと〝長期的に繁栄〟させなければならないものだからです。

だから、どんな人でも、段々と私欲が無くなっていきます。消えるというよりは、それ以上に、「公」の欲が出てくるのです。

この「公」の欲こそが、社長という職業の〝源泉〟になります。モチベーションになります。

私が休みをほとんど取らずに、なぜ一生懸命、仕事ができるのか？

理由は、たった1つです。

それは…、うちの〝社員たちの成長〟を求めているからです。

とにかく成長して欲しい。

そのために〝私ができることをしよう！〟と。

本当に、純粋に、これだけしかありません。


最初に述べた〝私の使命〟は、これに尽きるのです。

当社に関わるすべての理美容師さんに〝成長する機会〟をたくさん創ってあげること。

もう、これしかないんです。

だからこそ、休みを取らずに、仕事ばっかりでやっていけるんです。

この使命が無ければ、私の場合は、仕事はできないですね。

日本国内には、会社というのは４００万社以上ありますが、たいていの会社は10年も続きません。潰れています。

正しい数字は調べて下さい。

正直、その部分を、突き抜けて行く会社の方が少ないわけです。

ほとんどの経営者が、どこかで満足しているんだと思います。

「もう、これくらいでいいや」と社長が思った瞬間に、その会社の成長は止まってしまいます。

どうやって、そこを突き抜けるか？は分かりません。

一言で言えば、そこは〝センス〟だと思います。

「諦めない気持ち」も大事ですが。

私も純粋に、何で社員やパートナーさんの成長を乞い願うようになったのかなあ？と考えると…。

もちろん「会社の業績が上がる」という気持ちもあります。

しかし、それ以上に、社員をわが子のように思っています。成長させて上げたい、と願う気持ちが強いわけです。純粋に。ここに損得勘定は一切ありません。

それが、いつ、なぜ芽生えたのでしょうか？　やはり、自分でも分かりません。

ただ1つ言える事は、私に与えられた目の前の仕事をがむしゃらにやっていたら、それに、たどり着いたのです。

すると、結果として、店舗も増え、売上げも業績も連動したのです。不思議です。

もちろん、今を満足していません。

なぜなら…〝すべての理美容師さんたちの活躍する場を創る〟という思いには、ゴールがありませんので。

全社員で一緒にやるために

まず、「経営理念」があるのと無いのでは、全く変わってきます。

そして大事なのが、「その経営理念をちゃんと意識しているのか？」です。

これは、ちゃんと業績に差が出ています。データがあります。数字として。

経営理念というのは、社員全員で目指して行くものです。

例えば。もし自分の社長が「俺がイイ車に乗りたいから、君ら、仕事を頑張ってね！」なんて言ったら、どうでしょうか？

当然、社員の皆さんは「社長をベンツに乗せるために、私たちが頑張っているわけじゃない！」と反発しますよね。

私たちの会社の場合は、「理美容師さんたちの活躍の場を広げて行こうね！」と大きな志を掲げていますので、パートナー（社員）皆が頑張って行けるわけです。皆にとって目指す物があるから〝一緒にやろう！〟と思ってくれるのです。

その経営理念が「有る」か「無い」か、で大きく違います。

そして、実際に、その経営理念に向かって「会社が近づいているのか？」です。

経営理念というものは、どの会社にも〝それなり〟にあります。

あっても、それが生かされていないのが現実じゃないでしょうか。

全社員で、目指している目標に向かって行っているのか？

そもそも意識すらしていないんじゃないのか？

経営理念そのものが無い会社だって、いっぱいあります。

経営理念は、それだけ大事なものなのです。

自分が入った会社が、中小企業であろうが、大企業であろうが、経営理念に向かって、どれだけ社員に浸透しているか？

これが、すごく大事なのです。

経営計画書は生きていないといけない

世の中の「強い会社」の条件とは、何でしょうか？

きちんと方針が明確になっていることです。会社の方針や価値観が。

「うちの会社は、こうですよっ！」というもの。

就職活動をしている人であれば、色んな会社の「説明会」に行く機会があるでしょうが、そこで分かるはずです。その会社の価値観や経営方針が、ちゃんと明確になっているかどうか、なのです。

私たちリビアスは、明確にしています。

毎年、私が「経営計画書」を作成し、会社の方針、価値観を伝えています。きちんと文章にしています。

何百万社ある中小企業の中で、「経営計画書」がまともにある会社は、そう無いです。大企業でも少ないです。持っていても、使えていないのが大半だと思います。

リビアスでは、全パートナー（社員）が、必ず携帯しなければなりません。もし、パートナーが紛失すると、5万円の罰金となります。

車を運転するときに必ず自動車免許を持っていなければ、運転してはいけないのと同じです。

時々、経営計画書を出さないといけない機会があります。

もしその時、持ってなければ、3千円の罰金になります。

この罰金が良いとか悪いとかではなく、とにかく経営計画書は〝道具〟として活用しなければならない仕組みなのです。

だから方針が明確になっています。

最初に入社した時は、皆、バラバラです。

考えが。価値観が。

そもそも、皆、生まれた所も育った環境も、親も違うわけですから、それは当たり前です。

学生時代は、それでいいのです。

周りには、自分の気の合った友達だけしかいないから。

つまり､選ぶことができます。嫌な人とは一切､遊ばなくていい。嫌な人と旅行に行ったりすることもない。嫌な人と飲みに行く必要も無い。バラバラでいいのです。人それぞれ、目的が違うからです。

しかし、会社というのは、成果を上げなければなりません。

「売上」というものがあります。

業績があります。

これがないと会社は倒産しますから。

同じ目的があります。ミッションというものが。

その目的を達成するための方法が、会社によって、色々と違います。

だからそこをはっきりと示さなければなりません。

新入社員は、入社した時は、皆、バラバラなのです。

会社は、このベクトルを合わせて行かなければなりません。

「時間」と「場所」を共有する回数がすべて

そのベクトルを合わすには？

社員教育です。

難しいことばっかりを教えるのではなく、会社の価値観に合わせていく事が、社員教育の大きな柱にしなければなりません。

しかし、1回やっただけで、理解できるはずがありません。1週間経てば、完全に忘れています。人間ってそんなもんです。

1週間前に食べたご飯を覚えている人はいますか？

1週間前に聴いた人の話を覚えている人はいますか？

覚えているはずがありません。

だから、何回も聞かないといけないのです。

全社員が合わせていくためには、何回も何回も、しつこいぐらいに聞くこと。そうすれば、段々と価値観が合ってきます。会社の方針が理解できるようになります。

だから社員教育は、〝質〟ではなく〝回数〟が大事と言えます。

回数を積み重ねていく事が、何よりも社員教育には大切なのです。

では、回数とは何でしょう？
回数とは、人と人が会うこと、なのです。
会うこと、とは？
「時間」を共有することです
「場所」を共有していることです。

その時間と場所を共有する回数が増えていくと…。

皆の価値観が、段々近づいていきて、強くなってくるのです。

これが幹です。会社という組織の。

そして、それが成果に結びつく。結果、業績になっていくのです。

おかげさまで、リビアスは成果が上がっている。業績が上がっている。

同じ業界の、他のライバル店と違って、リビアスの方針と価値観を理解してくれる人がたくさんいる、というのが結果として出ています。

そのために、時間と場所を共有する回数を増やし、何度も何度も会うように、リビアスは、会社として仕組みにしています。

「飲みにケーションボード」というものがあります。

2ヵ月に1回、店舗ごとで必ず飲みに行きなさい、という仕組みです。ちゃんとチェックすることになっています。

〝飲み会〟というもので時間と場所を、皆で共有することが会社のルール。せざるを得ないのです。

学生生活であれば、嫌な奴とは飲みに行かないでしょ？

しかし、会社というのは、たとえ気に入らない人でも、価値観の違う人でも、同じ組織に居る限り、同じ方向を向いて、仕事をしなければなりません。

会社として「仕組み」にすることによって、です。

最初は「嫌やな…」とか「苦手やな、あの人…」と思っていても、回数を重ねて会っていく中で、段々と親しくなって、心が打ち解けていくものなんです。これが不思議です。

私の場合、１年３６５日のうちの２８０日です。

私がパートナー（社員）と、飲みに行っている日数が。

外部（商談相手など）よりも内部です。

こんな社長は、そうそう居ないと思います。

本当に社員を大切にする会社とは

会社説明会へ行くと、よく聞きませんか？

「社員を大切にする」とか「うちは人材が命なんです」とか。

これは、どこの会社でも言います。絶対に言います。

「うちの社員のことなんて、どうでもいい…」

そんなことを、面と向かって言う社長が、どこにいますか？

もし、そんなことを思っている会社があっても、表向きは、一切、分かりません。

本当に、人を大切にしているかどうかは、社員教育をきちんとしてくれるところだと思います。

「時間」と「場所」をきちんと共有し、一緒に、触れ合って、「手間ひまかけて育ててくれる」というのが「大切にしてくれる」という本当の意味です。

全然、時間も取ってくれず、場所も共有してくれないのに、「社員を大切にしているよ」なんて言われても、大切にされている感覚には、ならないでしょう?

少なくとも私も皆と触れ合って、時間と場所を共有して、大切に想うからこそ、これだけ一緒に居れるのです。

私の考え、価値観、会社の方針、を皆がちゃんと理解してくれている…。だから、気持ちがしっかりと結びついているのです。

だからこそ〝強い会社〟に、どんどん成っているのです。

自分たちの力で良い会社にする

経営計画書には「経営理念」が書かれています。

リビアスという会社は、経営理念に、毎年近づくために、私は経営をしています。それに向かって皆が一緒になってやってもらっているのです。

その１つに、「仕事を通して、全パートナーの物心両面での豊かさの実現と追求をする」があります。

働いている私も含めて、働いている皆の物心両面です。

色んな待遇があります。仕事のやりがいを始め、どんどん皆で豊かにしていきましょう！と言い続けています。


しかし、世の中には大手大企業の名だたる優良企業は、いっぱいあります。

今の私たちリビアスのレベルだと、そこと比較しても、叶うわけがありません。

私たちは中小企業ですし、サービス業ですから、もはや比べるに値しないかもしれません。

だから、そこを嘆いても仕方ありません。


皆で、一丸となって、業績を上げて良い会社にする。

一歩一歩そこに向かって近づいていく。

それを達成するために、「アジアで輝く理美容総合企業」に、まずは成る！と。

これは、具体的なことです。

その使命が、「理美容師がグローバルに安心して長期的に活躍できる場の創造と提供」なのです。

多店舗化したり、海外に進出したりする、それが手段なのです。

大学生を採用することも、あくまでも全部手段です。

皆で、物心両面で豊かになるためです。やり方は色々あります。


この高い目標を掲げている中で、その先頭で、皆を引っ張っていってもらいたい人財を求めているからです。

大きな会社のような条件や待遇を求める人であれば、私たちのパートナーに加わるのは、多分しんどいと思います。


この会社を〝自分たちの力〟で、良い会社にしよう！

立派にしよう！

待遇を良くしよう！

〝自分たちで、何とかしよう！〟

こんな向上心あるパートナー（社員）がたくさんいてくれるおかげで、私たちの会社は、どんどん強く、大きくなっているのですから。

大きな目標、私の使命

何度も言いましたが、私には、大きな目標があります。

「理美容師さんが、グローバルに、安心して、長期的に活躍できる場を創る」

この1点です。

これが頂上です。

これを登って行く道は、これから先、その時代の状況に応じて、臨機応変にルートは変えて行きます。

たとえば、エベレストに登るルートを最初に立てていても、天候の変化や状況によって、ルートを変えていかなければなりません。

一緒です。経営も同じです。

経営もそこに向かって行く為のルートを、状況によっては変えていきます。

でも、当社は中小企業です。

中小企業は、大企業との違いの1つ象徴的なこと上げたとすれば、社長がコロコロと変わらない点です。

リビアスの場合は、私が次世代に、何かの形で社長を引き継ぐまでは変わりません。

大企業は違います。数年単位で社長が交代します。一緒に方針までもがガラリと変わって行きます。

中小企業であるリビアスは、社長の価値観が、そのまま事業になります。

社長である私の価値観から外れたら、例えどんな良いビジネスモデルがあろうとも、そっちには行きません。いくら儲け話があったとしても。

〝好き〟でないと、続けられないのです。

根付かないのです。

私は、そうやって行きます。

私の強い思いで、この会社は、どんどん変わって行きます。

私の価値観。

それが、「美容師である社員、パートナーが活躍できる場」なのです。

私には、世界に好きな都市が６つあります。

私のスマホの世界時計には、その国の天候が出るように設定しています。いつも見られるように。

その国とは…。まずは日本。大阪と東京です。

そして、上海、香港、ニューヨーク、パリ、ミラノ。

この６カ国です。それぞれ大好きです。

この６カ国は、遊びや観光だけではなく、具体的に仕事になっているのは、大阪、東京、上海、香港です。今、現在は。

残りのニューヨーク、パリ、ミラノ。この都市にも、いつか仕事で、毎月行けるようになりたいですね。

この６つの都市に、毎月、行きたい！

もしその夢が達成すると、もう毎月、私１人の体では物理的に不可能ですので、環境整備点検ができなくなることになります。

そうなれば、その国々の現地に、それぞれ会社を創ります。そして現地の会社に、それぞれ社長を創ればいいのです。そこの現地社長が、環境整備点検をする。

じゃあ、私は何をするのか?

そこの〝現地社長の環境整備点検〟をすればいいだけです。

1ヶ月30日を6で割ると、5日間。

すでに私の頭の中では、そういうイメージを描いています。

これを実現するためには、まず本丸であるリビアスをしっかりした会社にしなければならないのです。

それを私だけがやるわけではありません。


今、借金がたくさんあります。

それを私1人が返しているわけではありません。

私が保証人としてサインをしていますが、実際にお金を返してくれているのは、働いてくれているパートナー(社員)の皆さんなのです。

パートナー(社員)約400人が一生懸命に働いてくれているからなのです。

私の代わりに。

リビアスという会社のベクトルは、私の夢でもありますが、それはあくまで方向性であって、実行してくれているのはパートナー（社員）の皆さんなのです。
パートナー一人一人が同じ夢を持って、一緒になってやってくれている。
だから、その皆の活躍する場所をどんどん創っていくことが、私の使命なのです。

ちょっとした習慣の差が、その人の人格になる

私は、学生さんによく言います。
会社に入ったら、「とにかく、出世しなさい！」と。
「その会社組織の中で、自分が上に行く事だけを考えなさい！」と。
簡単な事なのに、「難しい」と考えるから難しいのです。
「簡単や！」と思って〝頼まれごとを、素直にやる〟これだけのことです。
これは、私が実際に経験して来た事なのですから。

もう一つ、覚えておいて下さい。
頼まれごとは「期待以上のことをしよう！」と決して思ってはいけません。

それよりも〝早く〟やること、です。

頼まれ事を、早くやる――――。

スピードで驚かせること、を意識して下さい。

仕事の内容（レベル）で驚かそうなんて、それ無理ですから。若いうちは。キャリアの無いうちは。

繰り返します。

頼まれ事で、相手を唯一、驚かせる事ができるのは〝スピードだけ〟

〝中身〟ではありません。

それって、誰でもできることでしょう。その意識さえあれば。


「この仕事を、いついつまでに、やっておいて」と頼まれたとき。

そのいついつまでよりも早くやるのです。相手が〝びっくりする〟くらい早く。

たとえば「一週間後までに、これやっておいて」と頼まれたら、次の日に持って行ったら、相手はびっくりするでしょ？

「すごいな…こいつ」と思うはずです。そのスピードが命！

本当に、ちょっとした事なんです。意識して実行するか、しないか。

人生って、このちょっとした事の積み重ねです。

どんなに小さい事でも、それが習慣になるんですね。この習慣が、その人の人格に変わって行きます。

人との〝ちょっとした差〟

これで人生が大きく変わって行きます。

後悔のない人生を！

寄稿

生まれ持った役割

株式会社ロジック　代表取締役　野口秀人

ある人曰く、人間は生まれる前に神（仏）様と約束して生まれてくるらしい。今回の人生で自分がやるべき事や社会での重要な役割を各人が担って生まれてくるらしい。その為に、自分の成長に必要な人と出会い、苦しい境遇に置かれ、そこで学び、やがてそういう人達が必然的に集められ、一人では出来ない大きな仕事を成し遂げ、世の中を良い方向に変えていくらしい。

所が大半の人間は神（仏）様との約束を忘れて、俗界の様々な誘惑に負け、現世こそがすべてだと錯覚をし、人生の快楽に浸り（運の強い人ほどこの傾向があるらしい）、生まれ持った役割を果たさない為に、世の中が一向に良くならないらしい。

大西社長は稀な人物だと思います。

ご自身の心の奥から突き動かされるものに従って、次々と難問に立ち向かい努力を重ね、本来のご自分の役割を果たされつつある様に感じます。

ただ単に儲けを目的とせず、人を育て環境を整備し、沢山の仲間と共に研鑽をし合うなど、王道を進んでいらっしゃると確信しています。今後も様々な問題が起こってくる事が予想されますが、必ず大輪の花を咲かされると信じています。

〝目に見えぬ神の心に叶いなば祈ずとても神は守らん〟

私の人生が変わった

有限会社灯縁　代表取締役　林　信壱

私と大西代表が初めてお会いしたのは、今から約13年前。当時、まだ「株式会社リビアス」の前の社名「株式会社関西理美容サービス」の頃です。不思議なご縁があり、大西昌宏代表とお会いし、いろんなお話しを聞かせてくださったことを今でも覚えています。当時は、まだ10数店舗ほどの会社だったと思います。

私も町の1店舗を経営する美容室のオーナー兼スタイリストをしておりました。当時は順調でしたが、毎日、何か不安を抱いていて、多店舗展開をしないといけない。でも、どうやったらいいのか?と悩んでいて、本当に素人でした。

そんな時に大西代表とお会いし、店舗展開の話や今後の美容界のお話などたくさんしていただきました。それ以外にも〝人としての学び〟をたくさん教えていただきました。「情熱」「有言実行力」「義理人情」「継続力」「志」「相談する相手を間違わない事」などです。これは本当に勉強になりました。

これらは実際、なかなか見えるものではなく、本当に人として〝根っこ〟の部分です。

この根っこの部分がないと、たとえどんなに会社が繁栄しても、「長期的な繁栄はない」とよく言われていました。この話を聞いて、当時の私は、脳天を叩かれたくらいの衝撃を受けました。

なんせ私は、30歳になるまで、活字の本をほとんど読んでおらず、漫画の本ぐらいしか読まない人間でしたから、大西代表のこの言葉は、別の国の言葉を聞いたぐらいの衝撃がありました。

今は、漫画ではなく、大西代表のおすすめの本など、年間50冊くらいは読めるようになりました。しかもおかげさまで、弊社の経営計画書の中にも、この「情熱」「有言実行力」「義理人情」「継続力」「志」「相談する相手を間違わない事」を記載しており、弊社パートナーと毎日、共有しております。

当然、これだけではありません。日々、経営運営のノウハウや、会社を強くし、良い会社にしていくための勉強や、社長の仕事内容など、いろんなことを教えていただいております。

これは現在、株式会社リビアス様の事業の柱の1つである「経営サポート」として大西代表が取り組まれています。私も会員になっています。年間、様々な研修のカリキュラムがあり、そこでともに勉強させていただいております。

ですので、弊社の教育は、ほぼ株式会社リビアス様と同じような教育価値観を持っています。

大西代表から、「社長一人だけが勉強をしていくと、会社はおかしくなる。社員とともに勉強し、価値観を合わせることが大事だ」と教えていただきました。

子供さんがいる方はお分かりになるかと思いますが、子供を塾に行かせたりたくさん勉強をさせてあげるのと同様に、会社の社員にも同じようにしないといけないのです。社員は、いわば自分の子供と同じだ、と。これには大変共感しました。

会社を経営する社長であれば、そもそも向上心があるので、良いも悪いも勉強熱心なのは当然ですが、サロンで日々お客様と接するパートナーは、なかなか勉強する機会がありません。勉強もさせないのに、頑張れ、頑張れ、と言う。そんな社長は、おかしいですよね。

このように、大西代表の言葉の意味一つ一つを、弊社パートナーと共有し、勉強する意味を確認しています。

その場を設けるために、弊社でも大西代表と同じように、経営計画発表会、環境整備、早朝勉強会、早朝報告会、外部研修など、同じように研修を受け、実践させていただいています。

13年前、不思議なご縁で、大西代表とお会いし、弊社の社名を「灯縁」と名付けました。何よりも、ご縁を大切にされる大西代表が、あの時、もし何回もお会いしてくれず、ただ単に食事をして意見交換だけで終わっていたら、今の弊社も多分なかったかもしれません。そんなご縁の不思議さに感謝して、縁を灯す会社に私もしていこう！　大西代表にしていただいたことを次に伝えていこう！と思い、付けたこの社名です。

あっというまの13年ですが、本当にいろんな奇跡や数々の場面にご一緒させていただき、つくづく情熱、有言実行力、義理人情、継続力、志を貫いている社長だ、と日々実感させていただいています。

また現在では、そんな同じ波長の経営者様が沢山、全国からサポート会員に入り、毎月ともに勉強していることも、やはり大西代表の人としての大きさなんだ、と感じます。

こうやって気軽に、何でも惜しみなく教えて頂けて、幸いにも公私共にお付き合いして頂けることそのものが、〝私の人生が変わった〟と実感しています

徹底的に真似をする

有限会社フリーエナジー　代表取締役　上田正美

大西昌宏氏との出会いは10年ほど前になります。

そのころの私は、将来に不安があり、目指す方向が定まっていませんでした。

何度か会食を重ねていくうちに「あぁ、なるほど」とか「やっぱり、そうだよね」とか大西昌宏氏の考えに同調している自分がありました。

思い起こせば「原理原則」なんです。

本を読むこと。早起きすること。誰よりも働くこと。人が嫌がる仕事や人が断る仕事を受けることでチャンスを得ること。仕事の中に人生があること。歴史から学ぶこと。

私も人からの誘いには、ノーと言わないように心がけてきました。

出会いは必然。遅すぎず早すぎず。

大西昌宏氏との出会いも必然だったのかもしれません。遅すぎず早すぎず。

今では会社経営の極意を学ばせて頂いております。

サービス業の商品は「そこで働く人」つまり従業員です。だから品質を上げるには、社員教育をすること。目からうろこでしたね。新メニューや価格割引することばっかりを考えていましたから。

「人」の真似をすることが正しい、という認識を教える。

「人」の真似ができるのはレベルが高い、という認識を教える。

学生や子供のころは「真似」は恥ずかしい。

社会人になれば「真似」をしたらほめられる。

社会人1年生には、誰も教えてくれないことばかり。

これはもう社員教育するしかない、と決め、大西昌宏氏の会社で取り組んでいることを徹底的に「真似」させていただきました。

そのまま「真似」をするのはレベルが高いこと、身をもって体験中です。

知識より経験、体験が一番。

これから社会人になる方には、失敗を恐れず、未経験のこともたくさん挑戦して欲しいですね。

大丈夫！　世の中の社長は誰よりも、たくさん失敗しています。

リビアスに続くナンバー2の会社を目指す

株式会社そわか　代表取締役　大西弘志

『大西昌弘の関西学生道～理美容から新しい日本を創ろう』に続く、第二弾『これから働く君たちへ』の発刊おめでとうございます。

今回もこの本を読んだ若者達が少しでもチャレンジ精神を持って社会に挑めるように願っております。

早いもので、前回の発刊から5年が経ちました。この5年の間にも大西社長は一日も止まることなく次々と新しい事にチャレンジをし、実現されました。

念願だった理美容師の養成学校の設立、中国の主要都市である香港への進出、奇跡的なウォーレン・トリコミ氏との出会いと出店、サポート会員の増加、FC加盟店の拡大etc…。傍から見ていると、まるで手品でも見ているかのように次々と夢を実現されています。

しかし、もちろんそれは手品でもなんでもなく、400回近く開催されている早朝勉強会、幹部の本音に耳を傾ける早朝報告会、環境整備など、地道な社内の体質改善を日に積み重ね続けた結果、社長の夢を実現できる実力を伴ったパートナーが増えたことに起因していると思います。

私自身、60名のパートナーを預かる身の上ですから、リビアスのように成長をしながらも強い組織を作り上げる事の難しさ・痛みを実感しています。

私は、成果という目に見える枝葉ではなく、なかなか成果の見えない、上がらない内部体制の強化により、打たれ強い根っこを築き上げた事が、この5年間の大西社長の真の偉業であると思っています。

これからも理美容業界の風雲児として、先頭を切って走り続ける大西社長の元で、リビアスに続きたいと思っています。

これからもご指導宜しくお願い致します。

変わらない思い、不動のスタンス

ディパート株式会社　代表取締役 吉田圭一

「ニュージャパンの大西です」

お会いした頃は、株式会社関西理美容サービスであったのですが、ご両親でありリビアスの創始者でもある大西泰行・周子現会長夫妻が始められた大阪の吹田市にある千里中央のサロン名で活動されていました。よく「ただの散髪屋だから」と何かにつけて口にされていました。その頃からも、周りから見ると、ただの散髪屋ではない組織づくりをされているのですが。その理由が、執筆される本の中にあります。

私（企画及び空間デザイン会社を経営しております）と大西代表がお会いすることになったきっかけは、大阪で活躍されるバーバーチェーンの社長という事で、弊社の東京のお取引先さまからご紹介を頂きました。

お会いした直後、弊社で売場改革をサポートさせて頂いております近鉄百貨店上本町店でのサービス業態の同店導入改革案件で、新規サロン導入にビューティーフェイス（お顔そりサロン）百貨店へ推薦し、ビューティーフェイスの百貨店取組の初出店として実現しました。それ以来、私は公私共にお付き合いをさせて頂いています。現社名、学校のネーミング、NYのトップサロン導入時のプレゼンなど、多くの節目にご一緒させて頂きました。そんな、私が思う大西代表を少しお話しさせて頂きます。


行動力。先ず、動く。

これが、いろんな悩みや不安を一つずつ無くす。

考えて解決できることは、本当に少ない。「やってみないと分からないから」と言うだけでは無くて、成功されている事例を見る。その道の師に聞く。本当に良く動かれます。悩んでいる隙が無いように見えるほどです。

収集癖。時計、靴、鞄。欲しいものは、手に入れる。これも、他店舗化事業においても共通するところではないでしょうか。この場所に出店したい。ここにもお店を出したい。その思いは周りも大きく刺激され、動かされます。

出会い、学びの収集。これもまた、精力的に行われます。

吸引力。いろいろな事がリビアスに舞込みます。

「今度、これするから」

会社にも居ない。家にも居ない。そんな、大西代表は何をされているのか？

どこかの場所や、どこかの国で誰かと会われています。まるで、引き寄せるかのように。そして、移動中に本を読み、その著者に興味を持てば、連絡されます。そして、著者に会われています。良いという思いは、形となって新しい試みとして始まります。

これらは、成功されている経営者として大西代表のほんの一部です。この著書のページを読み進まれると、より深く知る事となって、働くという事や経営者としての本質を知るきっかけを手に入れられると思います。

ビューティーフェイスから始まった、女性のためのビューティーサロン事業の成功後、「ただの散髪屋だから」から〝ただの〟というワードは無くなったように思いますが、NYのトップサロンの日本での展開が始まった今でも、「散髪屋だから」という〝思い〟は、フレーズと共に消えてはいません。あくまでも、ご両親に感謝を忘れずに、どんなに華やかな周りに囲まれた今も、そのスタンスは不動です。

そのような素晴らしいお力が、こうして新たに1冊の形となったことに敬意を表すると共に、改めましてお喜び申し上げます。この度のご出版、誠におめでとうございます。

チャレンジし続ける

株式会社リビアス　取締役副社長　大西恵子

出会った時からの社長の夢は3つ。

「会社を起業する」

「沢山お店を出店する」

「海外でお店を出店する」


〝仕事で全国、世界を飛び回る〟

この軸で、今も走り続けている社長の思いに巻き込まれた一人です。

出来ない理由ではなく、出来る為に何が出来るのか？　諦めない行動力と素直さ。

これが大西昌宏の魅力だと思います。


働く人が、魅力のある会社にする為には、商品は〝人〟と何度も聞かされていました。

教育に力を注ぎ、沢山の研修を取り入れてきています。

1店舗目から徐々に、「理美容サロンで働きたい」と言うパートナーが多い中、ここ数年は「リビアスという会社で働きたい」と言うパートナーが増えてきました。

美容業・理容業に特化した、出店戦術で見事に店舗数を増やし、少し大きな会社になりました。

私は、他社で働いた事がなく、社長に一から仕事を教えてもらいました。

優秀じゃなくても、こんな私でも副社長として経験を積む事が出来たのは、社長の思いに便乗し、色んな分野で仕事を任せて頂いた事で、自分自身が成長できました。

沢山出店するということは、沢山パートナーを採用する事です。

優秀な人を採用するのではなく、どんな人でも採用し、優秀な人財に育てることを社長から教えてもらえました。小さい失敗の積み重ねと小さな経験の積み重ねは、リビアスの誰よりも経験させていただきました。私が言いたい事は、この会社で活躍して成長出来るステージは沢山あることを知って欲しいことです。

パートナーから、「私はこの会社しか知らないので、退職をします」と言われることがあります。やりたい仕事と、やれる仕事は違う、と思っています。難しい仕事は、経験を積む事で慣れてきて、また次の新しい仕事にチャレンジする事で、自分自身が成長できると思います。

リビアスにはまだ、社長がやりたい事が沢山あるそうです。ワクワクする気持ちでいっぱいです。

「必要な時に必要な人と出会い、必要な時に必要な物とお金が揃う」と言う社長の持論があります。前編では、苦労苦労の連続の話でしたが、リビアスには素晴らしいパートナーと出会い、海外や全国で働くパートナーがいて、社長が世界、全国を飛び回って、空飛ぶ理容師は走り続けてくれる事を信じ、社長を支えていきたいと思います。

大西社長から学んだ事。そして私のルール

モディモ　代表　瀬尾加寿馬

私が大西社長と初めてお会いしたのは、約16年前。高校3年生の夏、大西社長の会社へ就職の面接へ行ったのが初めての出会いでした。翌年から大西社長のもとで働き始めたのですが、私はやる気のある社員ではなく、暇があればサボり、何か気に入らないことがあれば、すぐ怒るダメ社員の典型でした。

最初の2年ぐらいは、現場で特に目標ややりがいもなく、なんとなく仕事をしていたのですが、大西社長から人が成長するのは「本を読むか、人と出会うしかない」と言われたのがきっかけで、本を読み始めてから、大きく考え方や行動が変わったと思います。

その後、現場の仕事から、管理、営業開発の仕事をすることになり、大西社長と時間を共にすることが増え、本当に多くのことを学ばせていただきました。

学んだことすべては書ききれませんが、私が本当に大事だと思うことを3つだけ挙げさせていただきます。

1、『本を読む』本を読み学び続ける。

2、『戦う場所』自分が勝てる場所、勝てる仕事で戦う。
3、『相談する相手』師を持つ、前向きに共に頑張れる仲間を持つ。
この3つは、私が社長から学んだことの中で特に意識しています。

先ほども書きましたが、成長するためには人との出会い、本を読む、しかありません。日々、自分が意識して簡単にできることが本を読むことです。

戦う場所とは、勝ちやすいところで勝つ、ということです。これは仕事やスポーツあらゆる場面で、とても大事なことだと思います。競合やライバルが少ない、弱いところで勝負し、勝てるところで勝ち、力をつけて行くことが、すごく大事だと思います。

相談する相手とは、良くも悪くも相談する相手次第で、人生は大きく変わります。相談する相手がとても重要です。また共に頑張れる仲間がいる、いないでも大きく変わります。

私は、大西社長が1番の師であり1番の相談相手です。だから大きくブレることなく前向きに頑張れます。また共に頑張れる仲間がいることで、頑張ろって気持ちになれます。人間は楽な方に流れてしまうのが普通です。だから、楽な方へ流れないような仕組みが絶対に必要です。

私は最低1ヶ月に1回、大西社長に会い相談をする。また共に頑張っている仲間の社長様に会う、というルールを決めています。
少しでも皆様への参考になれば幸いです。

リビアスがあるから

愛斯沐梵盛族美发有限公司　法定代表人　宮内　悟

大西社長、ご出版おめでとうございます。このたび寄稿をさせてもらえる機会をいただき有り難うございます。

僕が大西社長の元で働かせてもらって、そして独立し、現在に至るまで、正直な気持ちを書きます。これが学生さん達にとって何かヒントになれば幸いです。

リビアス入社までの道のり

僕がリビアス（入社当時は関西理美容サービス）に入社したのは、2003年の4月でした。入社を決めたきっかけは、周りよりも〝給料が高かった〟という単純な理由でした。

そもそもこの業界を選んだ理由ですが…、

1、両親の姉（父の姉も母の姉2人も）が美容師で、母親がよく髪を切ってもらっていたこと。

2、高校時代の寮生のとき、先輩が寮生たちの髪を切っていて、かっこいいなと思ったこと。

3、お金が無いので、皆の髪を切って代金を浮かし、昼飯代も浮かし、ファッションに興味があったので、好きな服を買ったりしていたから。

当時、筆記試験がなかったのも、リビアスを選んだ理由でした。面接のみです。その時は、まだ大西社長が直接1人で面接されていました。勢いしかない僕が入社できたのは、間違いなく運です。

理容と美容。僕が先に「理容」の道を進んだのは、周りの皆は、美容の華やかな世界を選んでいましたが、僕にとっては、なんだかチャラチャラしたイメージがあったので、理容を選びました。でも、後で、「やっぱ、美容も面白そう…。女性の接客がしたいし、女性の髪も切りたい！　もっと綺麗なものを作りたい！」と思ったので、美容免許を取得し、美容室で働きだしました。ミリ単位の仕事をする理容を学んだ後で、綺麗に飾って華やかにする美容へ移行し、結果、順番としては、良かったと思います。

さて、高校時代の僕は電気科で学んでいました。中学卒業時の夢は、整備士。だから機械科に進むべきなのですが、「今からは電気の時代だから、電気科を勉強にした方が絶対いい」と父に言われたので、電気科を選びました。確かに父の言う通り、インターネット、電気自動車、電気の時代になりました。ただ僕は、電気のような目に見えないものを扱うのは苦手だった様です。正直、全く分からない。だから面白くない…。就職活動の時、工業機械の整備会社にも問い合わせましたが、門前払いでした。それは、高校の内申点がダメだったからです。

中学時代は、それなりに運動ができて、小さな島、群島の中では、それなりに結果も出していました。サッカーがしたくて、その高校を選びました。本当は高校には行かずに、そのまま整備関係の会社で働こうかな、と思っていましたが、親に「高校は入っとけ」と言われ、どこにしようか?と考えている時に、正月に高校サッカーの選手権の試合を観て、その高校に決めました。

今、思うと、本当に高校を卒業していて良かったと思います。今、中国で仕事をしていますが、ビザを取るのも一苦労。学歴がなければ、就労ビザがもらえない。大学も行けるなら行っとくべきだったと思います。現在、通信制の大学に入っていますが、なかなか前に進みません。何年かかるやら…。頑張って卒業します。

高校に入ると、サッカー部に入部しました。しかし半年で辞めました。中学時代の僕のサッカー成績は、〝井の中の蛙〟状態だったことがよく分かりました。サッカー部を辞めた後、まさに目的の無い高校時代の始まりです。目が死んでいました。〝死んだ魚の目やね…〟と親に言われる。

1年生の時は、どうにか学校へ行きましたが、2年になると、口うるさくない先生のときは、寮に帰ってテレビを観るか、寝る…。学校に来ても、机で寝ている…。遅刻で、先生が寮に呼びに来る…。タバコで停学。幸い実家が遠いので、「親を呼ぶのは、お金がかかるので勘弁してください」と先生に言って、免れていました。だから入学式と卒業式以外、親は呼ばれたことはありません。

ヤンキーではなく、無気力な人間でした。「人って目的が無くなると、ここまで落ちるんだな…」と他人事のように、そのとき思っていました。

それでも、どうにか単位を取得して3年に上がりました。そして卒業前に、「お前は、卒業できないかも」と担任の先生に言われ、とりあえず、退寮式に参加するように言われました。

退寮式の時、高校3年間の感想を述べるとき「もう、こんな無気力な生活はごめんだ。絶対に社会人になったら、成功します！」と断言しました。何の根拠もありませんでした。その話を聞いてくれた、停学中にお世話になった先生方に必死で頭を下げ、卒業条件の単位取得のための補修をしてもらって、どうにか卒業できました。先生方には今でも感謝しております。高い学費を払ってくれて高校に行かせてもらった親には、頭が上がりません。その時は全くそんな事考えてなかったですけどね。今、結婚して子供ができて、よく分かります。感謝しかありません。一生かけてお返ししようと思います。

学生さんと関わって

リビアス時代、普段は店舗で働く日々でしたが、日本ベンチャー大學と自社の採用の仕事を担当することになり、学生さんや関係者の方々と、全国色々な所に行く機会ができました。

そこで〝日本人としての強み〟を歴史から知り、学ぶことができました。知覧研修、回天研修、大和博物館、広島原爆資料館…。その中でも知覧研修が一番、心に響きました。それ以来、1年に1度は行くようにしています。

知覧に集められた20歳前後の若い特攻隊員の方々は、飛行機と爆弾と一緒に、国のため、家族のために飛び立って逝かれました。今、僕たちは、病気や事故、自殺をしない限り、明日死ぬことはまずありません。自分たち自身が未来を切り開いていけます。その時代の事を知ることによって、自分たちがいかに可能性に満ちた今を生きているのか…。当たり前の事なのですが、知覧でそのことを実感できるのです。

少々寝なくても、ご飯が食べられなくても、そんなに簡単に、人は死にません。人間関係が嫌でも、死にません。給料が安くても、死にません。嫌なら、自分でどうにかすればいい。その時代の方々は、したいことがあっても、一緒にいたい人がいても、明日、飛行機と一緒に、敵空母に突っ込まなければなりませんでした。

僕たちは、もっとその時代の事を、その時代を生きた方々から直接お話を聞くべきだったように思います。戦時中を生きていらっしゃった方はご高齢です。だから、もうその体験を生で聞けるのは、あとわずかです。戦争という、方向を間違った部分もあったかもしれませんが、その時を生きていた方々は、今よりも精神的にも強かったし、思いやりがあったように思います。本当に安っぽい口だけの思いやりじゃなくて、家族を心から思っていたと思います。国のために、という思いもあったと思いますが、もっと近くの人を守りたい気持ちだったのではないでしょうか。この気持ちを感じるために、僕は知覧に行くようにしています。

人として、何を大切にしなければいけないのか?

今していることは、自己中心ではないか？

初心を忘れていないか？

今ある現実は、良くも悪くも自分が過去にしてきた行動、考え方の結果です。未来は、自分で作るもの。ベンチャー大學の立ち上げの時期に、僕自身、このような体験ができたことを本当に感謝しています。

上海へ行く

リビアスに入社して8年。僕が27歳の時でした。

上海に出店し、2年ぐらいが経ち、お店を新しくリニューアルする、というタイミングでスタッフを入れ替えるため「誰か行かないか？」という話が社内でありました。中国のオープンで立ち上げて2週間、中国に行ったことがあったので、興味がありました。

もうそろそろ大阪もいいかな…と思っていたし、東京とか行ってみたいな…とも思っていた時でしたので、軽い気持ちで大西社長に「僕、行かせてもらえますか？」と言いました。

すると、すぐゴーサイン。ちょっと焦りました。いざ行くと決まったけど、嫁さんにも何も言ってない…。絶対に反対される、と思っていましたが、「いいよ」と言ってくれたのです。「ダメって言っても、行くでしょ」と言われました。

そして中国・上海へ。僕と中国人スタッフのたった2人で、仕事が始まりました。通訳はいません。僕は全く中国語が分からない…。これは今まで味わったことのない感覚で、「なかなか面白い」と思いました。人生で初めて、言葉が分からないという経験です。まさに衝撃的！　言いたいことも伝えられないのです。出来ないことがあると、何だか燃えますよね。

まず身の回りの物、仕事で使う言葉から、覚えていきました。後は女の人を褒める言葉を覚えました。皆、褒められると、喜ばれるんですよね。

最初のスタッフと、「一緒にご飯を食べに行こう」と言うのも一苦労でした。相手が何を言っているのか全く分からない…。身振り手振りで、体を使っての会話。仕事においても、お客さんをカウンセリングできない。だから、なかなか刺激的。しばらくは、分かった振りをして、当たり障りの無い対応でやり過ごしていました。

さすがに「これは、まずい」と思い、家から職場までの25分間、中国語を音読しながら出勤。中国人スタッフと懸命に会話をしながら学び、3ヶ月経つと、どうにかなるようになりました。追い込まれれば、人ってどうにかできるもんだなって思いました。それと、何かに集中している時が一番楽しいのです。

後は、少しずつコツコツと努力すれば、結果はついてきました。スタッフの関係も、教育も、お店の利益も。本当に良い経験でした。

経営者になるまでの苦労、そして現在

上海のお店で2年働きましたが、そろそろ辞めて実家の農家を継ごうと思いました。その話がまとまりかけた時に、今のお店を独立して、僕が経営することになりました。実家に帰っていいのかな？　本当にこの業界を辞めても後悔がないのかな…？　と正直、思っていました。そんな時、色々なことが重なって、2店舗運営させていただけるチャンスをいただきました。

勢いで、経営者になったのです。経営者と言っても何も知らない状態。散々でした。

お金が本当にありません。独立する時に、資金を大西社長が個人でお金を貸してくれました。感謝です。でも全然、足りません。回りません。

それでもどうにかしていた時、稼ぎ頭のお店の家賃が上がってしまい、このままではやっていけない状態になりました。あと4ヶ月でキャッシュが底をつきます。

そんな時、近くのお店を居抜きで売り出している話を耳にしました。日系のライバル店です。

「ここを買うしかない」と思い、日本人だとボラれてしまうので、中国人スタッフに交渉してもらいました。それで、どうにか購入金額が決まって、スタッフに借りたお金と、2ヶ月分のお店の売り上げのキャッシュで前金を払って、営業がスタート。

買ったお店は、予想通りの良い売上でした。

しかし、自分が抜けたもう1つのお店の売上が3分の1まで落ち込みました。キャッシュアウトまで、あと1ヶ月…。

実家に帰り、お金を借りる方法がないかを聞きに行きました。

家を継ぐと言って、帰らなかったにもかかわらず、ひいばあちゃんが残してくれていたお金を貸してくれました。これで1ヶ月は、しのげます。それでもお店は赤字なので、どんどんお金が減っていきます。1ヶ月以内にキャッシュが増えるようにしなければなりません。なかなか前に進まない。お金だけがどんどんなくなっていきます。痩せるし、夢は見るし、手は荒れまくり…。精神的に追い込まれると、免疫が落ちるって聞いていたけど、本当に落ちるんだな…と実感しました。

「これは、ちょっとやばい」という時に、父親が金融機関からお金を借りることができ、3ヶ月間しのげるキャッシュが入りました。この時間を使って、赤字店舗の整理を行い、自分の店舗の売上を上げ、どうにか回復しました。

色々な方に、本当に協力頂いて、今、なんとか成り立っています。

調子がいい時は、いくらでも人は周りに集まってきます。

調子が悪くなると、皆、離れていきます。

本当に辛い時に、助けていただいた方々を、絶対、絶対に裏切るようなことはしません。そういう方々が困っている時こそ、何か助けられるように、僕はなりたいと思います。

たとえお店が赤字でも、キャッシュがなくても、スタッフには給料を払わないといけない。スタッフに辞められると、お店が運営できないから、強くは言えない。だから無駄な経費を見直すこと。一人一人のスタッフの生産性、利益を出している人には、しっかり給料をあげる。利益が出せていない人には、原因を探って、改善してもらう。それが無理なら、自分の給料が上がらないから、自分から辞めていく。辞めてもらう事も、そのスタッフの為にもなるのです。

良かれと思って、手取り足取り教えていたことが、実はスタッフの為になっていなかった。スタッフ自身で、考えることをやめてしまっていたのです。

全体の流れに抵抗すると、成果が少ない。流れに乗ると、成果は2倍。

これは会社に勤めていた時代の僕には、到底、分からなかったことでした。

今まで、ワガママ言い放題だった自分に、毎回、チャンスをくれた大西社長には、一生、頭が上がりません。今まで大変申し訳ございませんでした。そして本当にありがとうございます。

大西社長とのお付き合い

僕が独立してから、社員の頃よりも、大西社長に色々なことを素直に聞けるようになりました。しんどい時に、親身になって、色々なことを教えてもらいました。

今、僕がどうにか続けられているのは、リビアス時代の研修での経験や知識のおかげです。ランチェスター、環境整備、ニコニコワクワク人生の歩み方。環境整備導入時の立ち上げの大変さなど、すごく勉強になりました。

僕の目標は、８年で、沖縄、台湾、香港、廈門、上海で20店舗、スタッフとワイワイガヤガヤ、楽しく、厳しく、前向きに、仕事が大好きな仲間と、仕事をして、笑って泣いて喧嘩して。やりたいことは実行！　みんなで一緒に飲んで、夢を恥ずかしいくらい語り合って、ぐるぐるとお店を回ることです。

本当にありがとうございます。今後ともよろしくお願いします。

大西軍団の〝脳天逆さ落とし教育〟

知覧観光大使×ザメディアジョングループ代表×FMW代表　山近義幸

男！　大仁田厚！
男たい！　船木誠勝！
男ばい！　田中将斗！
男くさ！　中野翼躍！
男ばってん！　保坂秀樹！
男やけん！　高山善廣！
男じゃ！　雷神・矢口！
男やんけ！　NOSAWA論外！
そして、男じゃん！　大西昌宏社長‼

有能で前途有望な若き経営者がたくさんいる中で、こんな中年の星‼（俺もかな？）に注目が集まり、超・超・超業界の風雲児になりそうなのは、【おとこ】大西社長の〝胸いっぱいの勇気と行動〟が、人々の心を躍動させるからだ。

ゆとり教育…。
クソくらえ！
ただ机上に空論を並べるだけのふぬけを育てようというのか⁉
笑わせるな！
無礼なことを言うな！
この大西軍団の仕事は違う。
躍動が違う。
行動が違う。
仕事を見せ、魅せたほうが、最高の教育じゃ〜！
〝定義〟と〝正義〟は違う！

【就職活動】とは！
「定義」と「固定概念」の解毒剤である！！！

今から書き綴る俺の文章も読め！
大西社長には、足元にも及ばないが、俺も経営者として、30年、踏ん張った。
何より、大西社長と似ているのは、
【踏み外したところに〝人生の道〟が、あった！】ということだ。
大西社長も、私も、人生の正道、本筋から外れかけ…〝邪悪な道〟へ行きかけた。

先日、立川拘置所、群馬刑務所、網走刑務所に、仕事で行かせてもらったが、目の前にいるオレンジ色の服を着た人が、〝俺〟に見えた。

本当に言い過ぎかもしれないが、大西さんも俺も【仕事】に出会えなかったら、〝あそこ〟にいる確率が…、少なくとも私は、高い確率なのだ。

だからこそ〝仕事〟が大切。

女性に叱られるだろうが、男は特に〝仕事〟

ハードワーク！

ハートワーク！

フットワーク！

ヘッドワーク！

ネットワーク！

27・5歳までの【1万日の人生】で、どれだけ体と心をイジメ抜くか…。

これに、かかっている！

「社会貢献」なんて、そのあとじゃ！

なまぬるい輩（やから）に、社会に貢献などできるものか‼

数年前、大西社長は、私の特許庁まで認可した「鞄持ちインターンシップ」なる、虎の穴に、就職前の娘を差し出した！（笑）

「鍛えてください。山近さん！」

この一言で。

大西社長の愛娘、大西沙季嬢は、正直なところ「甘く」「少し反抗的」なタイプだった。

が、鞄持ち最終日（3日目）には、すっかり変身していた！

「沙季さん。近くで、お父さんとお母さんが食事しているみたいね。ちょっと行ってみようか？」

と、言っただけで、泣きはじめた…。

泣き崩れた。

「私、お父さんに〝お礼〟を言いたい！　お母さんにも…」と。

鞄持ちを始める3日前とは、まるで別人だった。

私の【鞄持ちインターンシップ】は、どうやら過酷らしい。

決して、虐めているでもなく、私たちからすれば、ごく日常の行動なのだが、そのスピード感とコンテンツ、ジャッジの多さなのだろう。

そして、さりげなく【感謝力】をつけていく…。

これが私の流儀である。

下記は、昨日の鞄持ちインターンの時系列です。

まだまだ未熟ですが、本人の許可を得て

〝公開〟（処刑？笑）します。

ＥＥやつです。

当社のグループで、絶対に採用したいし、〝育てたい〟と思っています。

〝こういうタイプ〟は、当社の、社風、文化、フィロソフィーが、絶対にフィットする、と心から思っています。

私は、この【ダイヤモンドカンパニー経営者の鞄持ちインターン】というのを、20年近く、毎日、毎年、毎週しているのです。
まもなく、1万人になろうとしています。体験者が。
イチローの偉業より、えらいんじゃねえのか?
とも、思い始めています。(これはジョークです)

＊＊＊＊＊＊＊＊＊＊＊＊＊＊＊＊＊＊＊＊＊＊＊＊＊

株式会社ザメディアジョン　代表　山近義幸様

おはようございます。昨日は、鞄持ち2日目お世話になりました。ありがとうございます。まだまだ未熟であるという事を改めて感じられる1日でした。

与論島までの道中、お気をつけて、行ってらっしゃいませ。以下、時系列です。

■**4時頃**：目が覚め起床。2時間睡眠。国分寺に向かう準備を。
■**6時20分**：駅に到着。行き先変更になり、五反田の事務所に向かうため五反田駅へ。
■**6時55分**：五反田駅に、到着。時間があるため、時系列を書いたり日経新聞をまとめたり。

■**7時45分**：五反田本部へ。川崎さんがいらっしゃったので、時間までご一緒させてもらうことに。

■**8時15分**：続々と社員さんが集まる。山近代表がビルの下まで来られるらしいので、お荷物を持ち下へ。山近代表と合流し、朝ごはんを購入。事務所に戻り、学生会議を始める。

■**8時20分**：学生会議は、気になる言葉の連続でした。特に「インスタント世代」という言葉がとても耳に残りました。ある程度、何でも手に入れることが出来た世代だからこそ、手に入れるための努力を苦手としている。欲しいものを手に入れるための〝過程〟を乗り越えるため、行動を起こす。嫌がらず、立ち向かうことが大切なのか、と思いました。

■**9時15分**：続けてエグゼクティブ会議。経営者の方は、色んな情報を集め、まとめる力が必要なんだ、と思えた。会食の席での会話や情報が、会議中にも飛び交っていたので、楽しみつつも仕事を忘れてないんだ、と思った。

■**10時40分頃**：会議終了。私は、山近代表の雑用を。電話対応したり、買い出しにいったり、調べ物をしたり。電話対応は、まだまだだ、という事を改めて自覚。

■**11時30分頃**：秘書榊原さんとスケジュールについての会議。榊原さんは、3年目とは思えない姿。ベテラン感がすごいです。
■12時20分：お昼ご飯を、川崎さんと山近代表と共にする。ステーキ、とても美味かったです。川崎さんと就活についてのお話もして頂きました。今しか悩めないので、精一杯、悩んでいきたいです。山近代表は、さりげなく…席を外され、私と川崎さん（新人社員）を二人にされました。後で気づきましたが、お気遣いだったようです。
■12時45分頃：五反田本部を出発（電車の中でも歩きながらも、私は山近代表に質問しまくり！！！！！！！！　少し〝うざっ〟って顔されましたが、一つ一つ丁寧に答えていただけました）
■13時50分：飯田橋のカフェプティボノーにて、ランチ兼作業を開始。他の鞄持ちの方とお話をしたり、手帳を書いたりと作業。お店の可愛いお姉さんを気に入られたご様子。青山大学に通われているそうです。ものすごい都会っ子。
■15時55分：カフェを出発。榊原さんと合流し、1度、事務所に向かいます。
■16時00分頃：ポスター掲載回りとチラシ配り。近くのカフェからパーティできる広さのあるレストランまで様々なお店を回らせて頂きました。途中、競馬場を通ったり、ジャック・スパロウに会えたりと、不思議な光景を目の当たりにしました。最後、お店の写真を撮ったあと、急いで山近代表の下に向かう途中、ファンデーションを落とし、粉々に悲しんでいる態度をモロに出してしまい「怒ってる？」と山近代表に言われました。相手を不快な気分にさせないよう、注意しなければなりません。

■**17時07分**：山近代表は会議。私は休憩を頂き、ツィッター更新作業を。この作業は本当に苦手です。（どうやら、この会議だけは見せられない会議だったようです）

■**18時00分**：事務所に戻り会議に参加。企業も試行錯誤しながら事業を進んでいるんだな、ということを目の当たりに。また、代表は外に出たり、中で会議したりと、色んな仕事をしていることを改めて感じました。二足のわらじならぬ、五足のわらじ。「榊原は、三足のわらじだから」と言われていたのが印象的でした。

■**19時00分**：会議が終わった方々を、今日のお店「近ちゃん」までご案内。その後、また事務所に戻り、金子さんと代表達の話し合いを見学。イベント事は、沢山の人の協力の上で出来上がっているので、チームメンバー同士でお互いをリスペクトし合う事が大切なんだと思いました。会議は、意見の主張のし合いなので、お互いの折り合いのつくところを見つけないと、と思いました。（この場面は、山近代表は前後で解説してくれました。シビアな部分も見えたし、価値観共有という大切なことも学びました）

■**19時30分**：最後の方をお店までご案内。その後、食事開始。仕事について、熱く語る皆さん。自分の知らない世界を知る事ができました。眠たくて、不機嫌に見えていたみたいです。人前なので、本当に気をつけなければ。

■22時15分：食事会終了。今日の泊まる場所を探しに。一度、五反田の事務所に戻ることに。

■22時55分頃：事務所に到着。各自お仕事を始められました。私もお礼のメールを書いたり、お電話をしたり。実は社長の松本さんをはじめ、柳平さん、田村さんが深夜なのに、激しく楽しくミーティングされていました。

山近代表は、「あぁぁぁ…、こんな時間に、社員がいっぱいいる。君のレポートに書かれるんだろうなあ…。口止め料、払おうかなあ?」なんて、うれしそうに言われていました。正直、ブラックには一切、見えませんでした。「自主的」「楽しそう」が、あるからでしょう。

■24時06分：皆さん帰宅準備。今日の泊まる場所もネカフェになりました。

(山近代表が、必死で、電話してくれて、私の宿を探してくれましたが、ダメでした。が…今日は、静岡出身の望月さんのご自宅に泊まれます)

翌朝。山近代表と朝食を約束していましたが、起きたら、もう空港に行かれていました。6時半発の飛行機です。見送りができませんでした。が、私は世界一の朝礼に向かわせていただくことになりました。国分寺です。

福山市立大学　S．Y

＊＊＊＊＊＊＊＊＊＊＊＊＊＊＊＊＊＊＊＊＊＊＊＊

大西社長との出会いは、東京で行われた経営者勉強会で、私が講師を務めたことがきっかけだった。

それから、経営者合宿でも席を並べて、勉強し、大阪・西中島の「小倉優子焼肉」で、会食をするに至った。

噂には聞いていたが、案の定…。開始90分後、その場で眠りにつかれた（笑）

だから、その後は、部下の方との会食になった。

不思議な人だ…。

が、何かを〝やらかす〟〝しでかす〟人だ…。

絶対、業界にパンチ！を入れる人だ、と思った。

しかし、私の予想は大きく外れた。

いや、上回った。

パンチ！どころか、電流爆破！のような、刺激を業界に提供し続け、まるでノーロープ有刺鉄線デスマッチ！のような〝常識との闘い〟を続けられている。


そして、知覧…。

毎年、毎年、知覧の【富屋旅館】に、たくさんの社員と一緒に、私たちと泊まっていただける。研修で。感謝の極み…。

美容の世界を目指して、手に技術をつけたいから。

あるいは、何をしていいか分からないから、とりあえず…。

そんな若者までも、大西社長は、〝採用〟し〝育てる〟

そのために【知覧】の場所を選んでくれた。

１０３６名の特攻隊が、飛び立って征った町・・・・。

その遺書を読み、私と女将さん@鳥濱初代さんの話を社員に聞かせ、朝6時から戦跡散策をする…。

若者たちへ、これほどの〝脳天逆さ落とし教育〟は、まず、私たちや大西軍団しか、していないだろう。

そして、大西軍団は成功した。
〝成長〟と書けば…大西さんは、原稿直しをされるかもしれないが、間近いなく、成功だ！

私も、そのあとを追いかけている！
少しだけ、路線は違うが、
日本再生！
若者再興！
国体保持！
に寸分のズレもない。

最後に若者たちよ！
大西さんと知覧に行こう！
そして〝仕事〟の中にこそ、人生の新しき道があることを認めよ！！！！

追伸：この文中に、プロレスラーたちの名前がふんだんに出ているのは、私の団体でリングに上がっていただいている選手たちです。今日も試合で、思わず名前を載せる許可をもらいました。

流れ…展開…なので、大西ファンの皆さま、お許しください。

よければ、大仁田厚プロレス。だまされたと思って、一度、観に来てください。

おわりに

28歳で独立し、形の上では経営者となりました。

あれから23年が経ちました。

現在は、株式会社リビアスの社長として充実した毎日を過ごしています。おかげさまで８業態20ブランド、店舗数２３０店舗、そして理美容養成施設まで経営するまでになりました。

大学４年生の頃、私も人並みに就活をし、第一希望の大手企業から内定を頂いたにもかかわらず、思い悩んだ末、内定を辞退し、卒業と同時に理美容業界に入りました。

理美容業界で私がここまでやってこられたのは、これまで出会ったすべての方々のおかげです。

この仕事を選んで本当に良かったと思います。

技術もたいしたこともなく、カリスマ美容師でもなく、コンテストでチャンピオンになったこともない平凡な私が、現在４００名以上もの社員パートナーがいる大きな組織を作ることができました。

それは、この理美容業界だった、ということ。

そして、異業種から学んだことが大きかった、ということです。

理美容業界で、技術という武器のない私が経営者として生き残るには、私個人の魅力でなく、組織、会社の魅力を高めるしかありませんでした。しかし、お手本となる組織は、理美容業界には非常に少ない。

だから〝異業種〟と〝歴史〟から学ぶしか、もう方法がなかったのです。

異業種から学ぶ、といっても、直接、会社訪問をする機会はほとんどありません。可能な限り、セミナーや勉強会に参加しました。とはいっても、セミナーや勉強会も毎日、行けるわけでもありません。

毎日の勉強の場…。それが〝読書〟でした。読書は、自分のペースで勉強ができます。何よりも、わずか1000円程度で成功者のノウハウを学べるのです。こんなに割の良い自己投資は無い、と思っています。私が社会人になって今日に至るまで、実にたくさんの本を読んできました。

そして、もう一つ。

〝歴史から学ぶ〟ということ。

実際、色々な史跡を訪れました。でも、やはり中心は読書です。

歴史から〝ビジネスに活かすヒント〟を見つけることもあります。

でも一番は、日本の歴史を学ぶことで、日本という国がどんどん好きになりました。

だから、私は大の日本好き。

日本人としての誇りを大いに持っています。

国の歴史を知れば、日本が好きになり、日本人としての誇りが持てる。

家の歴史を知れば、家族が好きになり、家に誇りが持てるようになります。

会社の歴史を知れば、会社を好きになり、会社に誇りが持てるようになります。

国であれ、家であれ、会社であれ、自分の所属する組織が好きになって〝誇りを持つこと〟が成功するための基本であると思います。

リビアスでは、ことあるごとに日本の歴史、先祖や親に対する感謝の気持ちと表し方、リビアスという会社の歴史を社員パートナーに語ります。


経営者が、働いてくれる皆に教えてあげられるのは、「仕事のこと」だけではありません。「立派な社会人になること」を教えることも非常に大切です。リビアスを退職した後も立派にやっていける人間に育てることが、経営者の一番の仕事なのです。

「人の成長なくして、企業の成長なし」

まさに、その通りだと思います。

特にサービス業である理美容業は、〝人の質〟が、そのまま業績に直結します。

だからこそ、これからも向上心を持ち続け、関わるすべての方々と共に成長していかなければなりません。

今回で3冊目の出版となりました。そのうちザメディアジョン様から2冊目の出版です。こんな私が出版できるなんて、今でも信じられないくらいありがたいことです。このような機会をつくってくださったザメディアジョンの山近さん、今元さんには、心より感謝いたします。

そして最後に…。

私の自慢であるリビアスパートナーの皆が頑張ってくれているからのリビアスです。この場を借りて、改めて、本当に心から感謝しています。

平成28年6月吉日

大西昌宏

著者紹介

大西昌宏（おおにし・まさひろ）

昭和40年（1965）8月5日、大阪府吹田市生まれ。両親は理髪店を営み、大西家の長男として育つ。関西学院大学を卒業し、「経営者になる」と誓い、第一志望であった大手企業の内定を断って、理美容業へ飛び込む。大学卒業後、国家資格取得のため専門学校へ通う。24歳で実家に就職。28歳で独立し1号店を出す。平成14年（2002）、有限会社関西理美容サービスを設立し、多店舗化、海外出店、床屋の企業化を志し、事業に邁進する。平成19年（2007）には、夢の1つだった海外1号店、中国・上海に出店。平成23年（2011）、「株式会社リビアス」に社名変更。平成26年（2014）、ニューヨークのトップサロン「ウォーレン・トリコミ」と提携する。教育面では、若者の人間力を磨く「日本ベンチャー大學大阪校」や理美容師養成校「スタリアビューティーカレッジ」を運営。著書に『関西学生道』『床屋を企業に変えた小さな店を出し続ける戦略』があり、本書で3冊目となる。

大西昌宏の学生道　これから働く君たちへ

2016年8月5日　初版

著　者　大西昌宏
発行人　今元英之

発行所　株式会社ザメディアジョン・エデュケーショナル
〒141-0031
東京都品川区西五反田1-17-6 トミエビル3F
TEL (03) 5719-6111　FAX (03) 5719-6112

H　P　日本ベンチャー大學　http://www.919v《クイック・ベンチャー》.com

発　売　株式会社ザメディアジョン
〒733-0011
広島県広島市西区横川町2-5-15 横川ビルディング
TEL (082) 503-5035　FAX (082) 503-5036

印　刷　シナノ印刷

ISBN978-4-86250-430-2